六祖壇經

清華 譯註

六祖惠能大師九江驛渡江圖

釋尊六年苦行像(석존육년고행상)

파키스탄 라호르 박물관 봉안(奉安)

達磨大師像(달마대사상)

弘忍大師像(홍인대사상)

惠能大師像(혜능대사상)

聖福寺 藏(성복사 장)

南宗頓教最上大乘摩訶般若波羅蜜經

六祖惠能大師於韶州大梵寺施法壇經一卷

兼受無相戒 弘法弟子法海集記

육조혜능대사가 소주 대범사에서 베푸신

법인 단경 일권과 겸하여 무상계를 받은 흥법제

제자 법해가 모아기록함.

清華(청화)큰스님 親筆(친필)

癸未年 正月 望日

法門차례

一、悟法傳衣 (法을 깨닫고 가사를 받다)

二、定惠一体 (定과 惠는 본래하나다)

三、教授禪定 (참나을 참선의 가르침)

四、歸依自性三身佛 (自性三身에 귀의하라)

五、無相懺悔 (相을 여읜 진정한 참회)

六、說般若波羅蜜 (반야바라밀을 설하다)

七、頓教說法 (단번에 깨닫는 가르침)

八、釋功德淨土 (진정한 공덕과 극락세계를 밝히다)

九、參請機緣 (참미하고 법을 배우면)

十、付囑流通 (法을 부촉하고 유통케 하다)

六祖壇經

清華 譯註

머리말

부처님의 가르침은 敎교나 禪선이나 顯敎현교나 密敎밀교나 大乘대승·小乘소승이

다 한결같이 見性成佛견성성불의 가르침 아님이 없다.

우리 人間인간의 根本性品근본성품인 眞如佛性진여불성은 비단 人間性인간성의 本源본원일 뿐 아

니라 有情無情유정무정 一切存在일체존재의 根源근원이며 바로 宇宙生命自體우주생명자체인 것이다.

그래서 佛性불성은 不生不滅불생불멸하고 常住不變상주불변한 萬德寶藏만덕보장이며 그대로

蓮華藏世界연화장세계요 一眞法界일진법계며 佛知見불지견인 摩訶般若波羅蜜마하반야바라밀이다.

悠久유구한 人類歷史인류역사를 通통하여 生命생명의 實相실상인 眞如佛性진여불성을 깨달으면

바로 聖者성자요 人間인간과 天上천상의 導師도사이며, 그것은 바로 우리 人間인간

의 究竟目的구경목적인 것이다.

그런데 佛性을 깨닫는 東西洋의 수많은 聖典 가운데 〈六祖壇經〉은 가장 直截簡明한 見性悟道의 法門으로서 우리 衆生들을 感奮參究케 하는 切實한 參禪의 聖典이다.

勿論, 壇經에는 古來로 加筆添削의 批判이 있기는 하나, 그 中心思想인 無相戒儀式으로서의 歸依自性三身佛이나, 定惠一體의 洞察이나, 最上乘頓悟禪門인 般若波羅蜜法門 등의 核心要諦는 조금도 毁損됨이 없이 지금도 오히려, 마치 惠能大師의 現前한 肉聲과 같이 儼然히 躍動하고 있는 것이다.

바야흐로 汎世界的으로 混亂한 情報의 濁流 속에서 人間知性의 가장 窮極的이고 普遍的인 修道法門인 惠能大師의 最上乘頓教禪法은 실로 우리 人間實存을 일깨우는 最第一의 寶鑑인 동시에

甚難한 歷史的 無明을 다스리는 最善의 燈明이 될 것이다.

愚衲이 經學에 造詣 깊은 學僧이 아닐 뿐 아니라 廓徹大悟한

聖僧의 分上도 아니면서、敢히、自古로 問題點이 많은 六祖壇

經의 飜譯을 發願한 緣由는 壇經이 바로 參禪修行의 最上乘禪의

聖典임에도 不拘하고 정작、禪學徒들이 별로 親近하게 參究하

지 않는 경향을 안타깝게 생각한 나머지 僧俗間 누구나가

山의 돌멩이라도 될까 하는 微誠에서였다.

한결 마음 편하게 壇經을 讀誦實修하는데、한낱 볼품없는 他

愚衲이 번역한다고 하여도 모두가 먼저 번역한 여러 善知

識들의 勞作 위에 이루어진 서투른 模作에 지나지 않는다.

이번 壇經 번역의 덕택으로 愚衲은 八旬의 西山落日에 다시

금 壇經공부를 하게 되었고、 이러한 因緣으로 有緣禪侶들에게

多少라도 도움이 될 수 있다면 참으로 望外의 幸甚이 아닐

수 없다。

壇經이 나오기까지 至誠으로 도와주신 여러 佛子님들께 眞

心으로 감사 合掌하여 마지않는다。

癸未正月望日

幻住山房 清華和南

일러두기

一。《六祖壇經》의 가장 오랜 古本인 敦煌本이 惠能大師의 聖意에 가깝다는 壇經研究學者들의 定評을 參考하여 飜譯의 原典을 敦煌本으로 定하고 日本의 駒澤大學의 禪宗史研究會에서 發刊한 《慧能研究》와 性徹禪師 敦煌本校注本과 金知見博士 敦煌本校注本을 參考하였다。

二。敦煌本壇經이 分段이 없는 連綿한 筆寫本이라 解得의 便宜를 위하여 惠昕本・德異本・宗寶本 등을 參照하여 十節로 區分하였다。

三。中國・韓國・日本 등 東洋文化圈에서 漢文混用은 自然한

추세임을 감안하여 注釋文은 짐짓 國漢文混用을 하였다.

四。
漢文經典이 모두 縱書임을 準하여 그에 따르도록 하였다.

五。
壇經을 漢文으로 讀誦할 편의를 위하여 모든 漢文에 한 글音을 付記하였다.

目次 (차례)

解題(해제)

1. 會通法門(회통법문)

2. 歸依自性三身佛(귀의자성삼신불)

3. 無相懺悔(무상참회)

4. 摩訶般若波羅蜜(마하반야바라밀)

5. 一相三昧(일상삼매)와 一行三昧(일행삼매)

1、

會通法門

大乘經典은 《華嚴經》이나 《法華經》이나 《涅槃經》이나 《般若經》이나 《觀無量壽經》이나 《六祖壇經》이나 모두 한결같이 禪과 敎와 淨土念佛을 圓融無碍하게 會通한 阿耨多羅三藐三菩提이다.

方便假說과 因緣譬喩를 省略하고 오로지 生命의 實相인 眞如自性을 단번에 깨닫는 見性悟道만을 力說함을 禪이라 하고, 言語文字로써 聲聞·緣覺·菩薩 등 모든 根機들을 두루 살펴 克明하게 表現함은 敎이며, 眞如佛性이란 宇宙生命에 온전히 歸命하여 隨喜參究함이 淨土念佛의 法門인 것이다.

《維摩經》[佛國品]에 「佛은 언제나 同一한 뜻으로 說法하나

衆生(중생)의 機緣(기연)에 따라 大乘(대승)·小乘(소승)·漸敎(점교)·頓敎(돈교) 등 種種(종종)의 差別(차별)을 生(생)한다.」(佛以一音演說法 衆生隨類各得解(불이일음연설법 중생수류각득해))하였고、【觀無量壽經(관무량수경)】

에 『모든 부처님은 바로 法界(법계)를 몸으로 하나니、일체중생

의 마음 가운데 들어 있느니라. 그러므로 그대들이 마음에

부처님을 생각하면 이 마음이 바로 三十二相(삼십이상)과 八十隨形好(팔십수형호)를

갖춘 원만덕상이니、이 마음으로 부처를 이루고 이 마음이

바로 부처이니라.』(諸佛如來是法界身 入一切衆生心想中 是故汝等(제불여래시법계신 입일체중생심상중 시고여등)

心想佛時 是心卽是三十二相八十隨形好 是心作佛是心是佛(심상불시 시심즉시삼십이상팔십수형호 시심작불시심시불))하였다.

2、 歸依自性三身佛

達磨大師(?~528)로부터 六祖 惠能大師(638~713)까지를

通稱하여 純禪時代라 하는데、그것은 達磨大師의 親撰이라는

〔少室六門〕의 「二入四行」의 法門이나 「安心法門」으로부터 三祖

僧璨大師(?~606)의 〔信心銘〕을 거쳐 四祖 道信大師

(580~651)의 〔入道安心要方便法門〕과 五祖 弘忍大師

(602~675)의 〔修心要論〕과 六祖 惠能大師의 〔六祖壇經〕에 이

르기까지 모두 한결같이 自性(自己本性 곧 眞如佛性)에 온전

히 歸依함을 懇曲心切하게 力說하고 있는 것이다。

特히 壇經에서는 自性·佛性이란 表現을 敦煌本에는 八十余

번、流通本(德異本·宗寶本) 등에는 百余 번이나 되풀이 强調하였는데、惠能大師께서 歸依三身佛을 說할 때 大衆들에게 惠能. 大師 自己 입(口)을 따라 『淸淨法身佛에 歸依하고 圓滿報身佛에 歸依하고 千百億化身佛에 歸依합니다。』를 세 번씩 三唱을 되풀이 하도록 하여 제各己 自己自性을 스스로 깨닫게 하리라는 烈火같은 투철한 誓願으로 大衆으로 하여금 깊은 感奮精進을 다짐케 하였다。

이렇듯 自性佛 信仰이 確立되면 必須的으로 自性을 깨닫는 修行을 決行하지 않을 수 없는 것이다。

3、　無相懺悔

一切萬有인 諸法의 實相이 本來로 眞如佛性이기 때문에 根源的으로는 一切善惡에 따른 罪性이 存在하지 않는 것이다.

다만 衆生의 無明分別로 因하여 是非善惡이 있게 되므로 眞懺悔 곧 無相懺悔란 自己本性인 自性 곧 佛性이 本來淸淨함을 洞察하여 一切時一切處의 생각생각에 自性을 여의지 않고 無染汚인 無住相行을 勵行하는 것이다.

〔六祖壇經〕에 『마음 바탕에 그릇됨이 없음이 自性의 戒요、마음 바탕에 어지러움이 없음이 自性의 定이요、마음 바탕에 어리석음이 없음이 自性의 惠라』고 하였다.

그러나 現實的으로 宿業을 벗어나지 못한 業識衆生의 分上으로서는 無相懺悔의 道理에 立脚하여 모든 惡을 斷乎히 짓지 않고 決定코 모든 善을 닦는 戒律과 一切倫理行을 實踐해야 하는 것이다.

4、摩訶般若波羅蜜

般若波羅蜜은 모든 存在의 實相을 비추어 보는 最尊最上의 智慧이다. 般若智慧로 洞察할 때 宇宙萬有는 本來로 一味平等한 眞如法界인 것이다.

따라서 般若智慧가 있으면 佛智요 聖智며 般若智慧가 없으면 衆生의 分別智요 凡夫의 妄念인 것이다. 그래서 般若智는 衆生을 迷惑한 此岸에서 깨달음의 彼岸으로 引導한다 하여 到彼岸이라 하며 一切諸佛菩薩이 般若波羅蜜에서 나왔다 하여 般若佛母라 하였고、六百卷의 방대한 《大般若經》 또한 한량없는 般若波羅蜜의 功德을 讚嘆하였다. 《智度論》에 「般若波羅蜜是諸佛母

諸佛以般若爲師』라고 하였다.

이른바 六波羅蜜中의 五波羅蜜인 布施·持戒·忍辱·精進·禪定

等의 修行德目도 모든 名相을 여읜 般若波羅蜜을 根本으로 하

여야만 비로소 名實共히 五波羅蜜이 되는 것이다.

『六祖壇經』에 『善知識이여, 智慧로 觀照하면 안팎이 사무치

게 밝아서 자기 本心을 알게 되고 본심을 알면 본래 解脫됨

을 알게 되나니 바로 般若三昧요 곧 無念이니라. 무엇을 無

念이라 하는가? 一切法에 染着하지 않음이 바로 無念이니

라.』고 하였다. (善知識 智慧觀照 內外明徹識自本心 卽本解脫 卽

是般若三昧卽是無念 何名無念 若見一切法 心不染着 是爲無念）

5、一相三昧(일상삼매)와 一行三昧(일행삼매)

敦煌本壇經(돈황본단경)에는 一行三昧(일행삼매)만을 力說(역설)하여 行住坐臥一切處一切時(행주좌와일체처일체시)에 純一直心(순일직심)함을 一行三昧(일행삼매)라 하였는데 德異本(덕이본)이나 宗寶本(종보본)에는 正宗(정종)分(분)에 一行三昧(일행삼매)를 言及(언급)하고、다시 [付囑品](부촉품)에서 한결 具體的(구체적)으로 一相三昧(일상삼매)와 一行三昧(일행삼매)를 再次(재차) 强調(강조)하였다。

特(특)히 四祖(사조) 道信大師(도신대사)의 《入道安心要方便法門》(입도안심요방편법문)에는 『一相三昧(일상삼매)는 宇宙法界(우주법계)가 眞如實相(진여실상)의 一相(일상)이기 때문에 一相三昧(일상삼매)라 하고、생각각에 一相三昧(일상삼매)를 여의지 않고 參究修行(참구수행)함을 一行三昧(일행삼매)라 하였으며、善男子(선남자) 善女人(선여인)이 一行三昧(일행삼매)에 入(입)하고자 하면 마음으로 오로지 한 부처(佛)(불)의 명호를 相續(상속)하여 외우면 卽時(즉시) 念中(염중)에

能히 過去·未來·現在의 諸佛을 볼 수 있는데、그것은 一佛 功德과 無量諸佛의 功德이 둘이 아니기 때문이라』하였다。

그리고 【文殊說般若經】을 引用하여 『부처를 念하는、念佛하는 마음이 바로 佛이요 妄想하는 마음이 바로 衆生이며 念佛은 곧 念心이고 求心은 바로 求佛인데、왜 그런가 하면 마음은 본래 모양이 없고 부처(佛)또한 모습이 없기 때문에 마음과 부처가 둘이 아닌 道理를 알면 바로 이것이 安心이니라』하여 이른바 「安心法門」(達磨)의 原理를 道破하였으며、

그리하여 『항상 念念히 佛을 憶念하면 攀緣이 일어나지 않으며 飜然히 모든 相을 여의고 如實하게 平等無二한 如來眞實法性身을 成就하게 되나니、달리 이름하여 正法이라 하고 또한

佛性^{불성}이라 하고, 諸法實相^{제법실상}이라 하고, 淨土^{정토}라 하고, 菩提^{보리}라 하고、 또한 金剛三昧^{금강삼매}·本覺^{본각}·涅槃界^{열반계} 등 비록 이름은 헤아릴 수 없이 많으나 모두가 同一^{동일}한 眞如佛性^{진여불성}이니라』하였다.

達磨大師^{달마대사}로부터 傳承^{전승}되어온 修行法^{수행법}을 克明^{극명}하게 밝힌 四祖^{사조} 道信^{도신} 大師^{대사}의 《入道安心要方便法門^{입도안심요방편법문}》과 六祖^{육조} 惠能大師^{혜능대사}가 《壇經^{단경}》에서 決^결 定說法^{정설법}한 直截簡明^{직절간명}한 修行法^{수행법}을 通^통하여 純禪時代^{순선시대}의 修行法^{수행법}이 般若^{반야} 波羅蜜^{바라밀}에 立脚^{입각}한 一相三昧^{일상삼매}와 一行三昧^{일행삼매}가 惠能大師^{혜능대사}의 直說^{직설}대로 最^최 尊最上乘最第一^{존최상승최제일}의 修行法^{수행법}임을 알 수 있다。

南宗頓教最上大乘摩訶般若波羅蜜經

六祖惠能大師於韶州大梵寺施法壇經一卷

兼受無相戒　弘法弟子法海集記

육조 혜능대사가　소주　대범사에서　베푸신

법인　단경一권과　겸하여　무상계를　받은

홍법제자　법해가　모아　기록함。

序言

머리말

序^서言^언

머리말

惠^혜能^능大^대師^사가　於^어大^대梵^범寺^사講^강堂^당
中^중에　昇^승高^고座^좌하여　說^설摩^마訶^하
般^반若^야波^바羅^라蜜^밀法^법하고　授^수無^{*무}相^상
戒^계하니　其^기時^시座^좌下^하에　僧^승尼^니
道^도俗^속이　一^일萬^만餘^여人^인이라
韶^{*소}州^{*주}刺^{*자}史^사韋^위璩^거와　及^급諸^제官^관僚^료
三^삼十^십餘^여人^인과　儒^유士^사餘^여人^인이
同^동請^청大^대師^사說^설摩^마訶^하般^반若^야波^바羅^라蜜^밀
法^법할새　刺^자史^사遂^수令^령門^문人^인僧^승法^법

혜능대사가 대범사 강당의 높은 법좌에
올라 마하반야바라밀법을 설하고 무상계를
주시니, 그 때 법좌 아래는 비구·비구
니·수도인·속인 등 일만 여 명이었다.
소주 자사 위거와 여러 관료 삼십 여
명과 유가의 선비들이 다 함께 대사에게
마하반야바라밀법을 설해 주시기를 청하
였고 자사는 마침내 대사의 제자인 법해
스님에게 모아서 기록하게 하였으며, 후

海集記하여 流行後代與學
대에 유통케 하여 도를 배우는 사람으로

道者로 承此宗旨하여 遞
하여금 이 종지를 이어받아서 서로

相傳授라 有所依約하여
전수케 하였으니, 그 뜻이 요긴하고 의지

以爲稟承하여 說此壇經하
할만하여 길이 받들게 하기 위하여 이 단

니라。
경을 설하게 되었다。

註解

* 摩訶般若波羅蜜法…위없는 지혜로써 모든 번뇌업장을 없애고 成佛해탈하는 敎法

* 無相戒…無相心地戒·일체의 相을 여읜 佛心의 戒法

* 韶州…지금의 廣東省 曲江縣

* 刺史…지방의 民政과 軍政을 다스린 官名

* 韋璩…韶州의 刺史

一、悟法傳衣

오 법 전 의

法을 깨닫고 가사를 받다

법

一、 悟法傳衣(오법전의)

能大師言(능대사언)하되 善知識(선지식)들

이여 淨心(정심)하여 念摩訶般(염마하반)

若波羅蜜法(야바라밀법)하라 大師不語(대사불어)

하여 自淨心神(자정심신)하고 良久(양구)

乃言(내언)하되 善知識(선지식)들이여

靜聽(정청)하라 惠能慈父(혜능자부)의 本貫(본관)

은 范陽(범양)이니 左降遷流嶺(좌강천류영)

南新州百姓(남신주백성)이니라 惠能幼(혜능유)

少(소)하여 父小早亡(부소조망)하고 老(노)

一、 法(법)을 깨닫고 가사를 받다

혜능대사는 말씀하셨다.

『선지식들이여, 마음을 맑히고 마하반

야바라밀법을 생각하라 !』

대사께서는 말씀하시지 않고 스스로 정

신을 가다듬고 한참 침묵하시고 나서 말

씀하셨다.

『선지식들이여, 조용히 들으시오. 혜능

의 아버지 본관은 범양인데 좌천되어 신

주 백성으로 옮겨 살았고 혜능은 어려서

母모와 孤고遺유는 移이來래南남海해하

고 艱간辛신貧빈乏핍하여 於어市시賣매

柴시하니 忽홀有유一일客객이 買매柴시

하고 遂수領령惠혜能능하여 至지於어

니라.」

官관店점하니 客객將장柴시去거하고

惠혜能능이 得득錢전하여 却각向향門문

前전이라가 忽홀見견一일客객이 讀독

金剛經금강경하매 惠혜能능이 一일聞문에

心심明명便변悟오하여 乃내問문客객曰왈

*금강경

從종何하處처來래하여 持지此차經경典전고

일찍 아버지를 여의었으며 늙은 어머니와

외로운 아들은 남해로 옮겨와서 가난에

시달리며 장터에서 땔나무를 팔며 지냈느

니라.」

어느 날 한 손님이 땔나무를 사고 혜능

을 데리고 관숙사(官宿舍)에 가서 손님은

나무를 가져가고 혜능은 값을 받고 문을

나서려 하는데 마침 한 손님이 【금강경】

읽는 것을 보았다. 혜능은 한 번 들음에

마음이 밝아져 문득 깨닫고 이내 손님에

게 묻기를 『어디에서 오셨기에 이 경전을

客_객이 答_답曰_왈 我_아於_어蘄_기州_주黃_황梅_매

縣_현 東_동馮_빙茂_무山_산에 禮_예拜_배五_오祖_조

弘_홍忍_인和_화尙_상하니 見_견今_금在_재彼_피하

여 門_문人_인이 有_유千_천餘_여衆_중이라

我_아於_어彼_피聽_청見_견大_대師_사勸_권道_도俗_속하니

但_단持_지金_금剛_강經_경一_일卷_권하면 卽_즉得_득

見_견性_성하여 直_직了_료成_성佛_불이라

惠_혜能_능이 聞_문說_설하고 宿_숙業_업有_유

緣_연일새 便_변卽_즉辭_사親_친하고 往_왕

가지고 읽습니까?』

손님이 대답하기를 『나는 기주 황매현 동빙무산에서 五조 홍인화상을 예배하였는데, 지금 그 곳에는 문인 천여 명이 넘습니다. 나는 거기에서 五조대사가 승려와 속인들에게 권하시기를 다만〈金剛경〉한 권만 지니고 공부하면 곧 자성을 깨달아 바로 부처를 이루게 된다고 말씀하시는 것을 들었습니다』 하였다.

그 말을 들은 혜능은 숙세에 법(法)의 인연이 있어서 곧 어머니를 하직하고 황

黃梅馮茂山하여 禮拜五祖

弘忍和尚하니라

弘忍和尚이 問惠能曰 汝는 何方人인데 來此山하여 禮拜吾하며 汝今向吾邊하여 復求何物고 惠能이 答曰 弟子는 是嶺南人이니 新州百姓이라 今故遠來하여 禮拜和尙은 不求餘物이요 唯求佛法하나이다 大師遂責惠能曰 汝

매의 빙무산으로 가서 五조 홍인화상을 예배하였다.

홍인화상께서 혜능에게 묻기를

『그대는 어느 곳 사람인데 이 산에까지 와서 나를 예배하며 그대가 지금 나에게 구하는 것이 또한 무엇이냐?』 하셨다.

혜능이 대답하기를

『제자는 영남 사람으로 신주의 백성입니다. 지금 일부러 멀리 와서 화상을 예배하는 것은 다른 것을 구함이 아니옵고 오직 부처되는 법을 구할 뿐입니다』 하였다.

是^시爲^영嶺^남南^인人이요　又^우是^시*獦^갈獠^료니

若^약爲^위堪^감作^작佛^불고

五조대사는 혜능을 꾸짖어 말씀하시기를

『그대는 영남 사람이요 또한 오랑캐 출

신이니 어떻게 부처가 될 수 있단 말이

냐』 하셨다.

惠^혜能^능答^답曰^왈　人^인은　卽^즉有^유南^남北^북

이나　佛^불性^성은　卽^즉無^무南^남北^북이라

혜능이 대답하기를 『사람에게는 남북이

있으나 부처의 성품은 남북이 없습니다.

獦^갈獠^료身^신이　與^여和^화尙^상으로　不^부

오랑캐의 몸은 스승님과 같지 않사오나

同^동이나　佛^불性^성은　有^유何^하差^차別^별

부처의 성품에 무슨 차별이 있겠습니

이리오

까?』 하였다.

大^대師^사欲^욕更^갱共^공議^의라가　見^견左^좌右^우

五조대사는 함께 더 이야기하고 싶었으

在^재傍^방邊^변하고　大^대師^사更^갱不^불言^언하

나, 좌우에 사람들이 둘러 있는 것을 보

고 遂發遣惠能하여 令隨
衆作務케 하니 時有一行
者하여 遂差惠能於碓房하
야 踏碓八箇餘月하니라.
五祖忍於一日에 喚門人盡
來케 하여 門人이 集訖이
어늘 五祖曰 吾向汝說하
노니 世人의 生死大事어
늘 汝等門人은 終日供養
하여 只求福田하고 不求

시고 다시 더 말씀하시지 않았다.

그래서 혜능을 보내어 대중을 따라 일
하게 하시니, 그때 혜능은 한 행자를 따
라 방앗간으로 가서 여덟 달 남짓이나 방
아를 찧고 지냈다.

五조 홍인대사께서 하루는 문인들을 모
두 불러오게 하였다. 문인들이 다 모이자
말씀하시기를 『내가 그대들에게 말하
니, 세상사람의 나고 죽는 일이 크거늘
그대들 제자들은 종일토록 공양하는 일과
다만 복받는 일만을 구할 뿐 나고 죽는

出離生死苦海하나니 汝等
自性이 迷하면 福門이 何可
救汝리오 汝惣且歸房自看
하여 有智惠者어든 自取
本性般若之智하여 各作一
偈呈吾하라 吾看汝偈하여
若悟大意者는 付汝衣法하
여 稟爲六代하리니 火急
急하라.

생사고해를 벗어나려고 하지 않는다. 그
대들의 자성(自性)이 미혹하면 복의 문이
어찌 그대들을 구제할 수가 있겠느냐?
그대들은 모두 방으로 돌아가서 스스로
잘 살펴 보아라. 지혜 있는 자는 본래의
성품인 반야의 지혜로써 각기 게송 한 수
를 지어 나에게 가져 오너라. 내가 그대
들의 게송을 보고 만약 큰 뜻을 깨친 자
가 있으면 그에게 가사와 법을 부촉하여
六대의 조사가 되게 하리니 빨리 서둘도
록 하여라.」

註解

* 善知識…善友、正法을 說하여 佛道에 들게 하고 해탈을 얻게 하는 사람。또는 佛道의 因緣을 맺게 하는 사람。

* 嶺南…廣東・廣西의 兩省을 말함。當時는 流謫의 地였다。

* 金剛經…羅什譯【金剛般若波羅蜜經】外 五種의 譯이 있다。諸法皆空의 도리를 밝혔는데 特히 禪家에서 重히 여김。

* 五祖 弘忍大師(601~674)…四祖 道信大師의 法을 嗣함。四祖山의 東馮茂山에서 修行者를 教化함。그 門下를 東山法門이라 함。【修心要論】一卷이 있으며 【傳法寶記】・【楞伽師資記】등에 그의 傳記가 있음。

* 獦獠…미개한 야만인을 말함、오랑캐。중국의 南西지방에 사는 야만족。

* 生死事大…無始以來로 生死流轉하는 고통이 끝이 없기 때문에 修行에 依하여 生死를 극복하는 일이 가장 큰 일임。

註解

* 供養…佛·法·僧의 三寶나 父母나 他人이나 死靈들에게 베푸는 일.

* 生死苦海…凡夫가 生死來往하는 欲界·色界·無色界에서 받는 모든 고통을 말함.

* 自性…自己의 本性은 淸淨한 眞如이므로 自性淸淨心이라 하고 곧 佛性·法性과 같음.

* 偈…gatha의 音寫·偈頌이라고 함. 詩와 같음. 經論中에 詩句로서 佛德을 찬탄하거나 法理를 나타내는 귀글임.

門人이 得處分하고 却來
各至自房하여 遞相謂言하
되 我等은 不須呈心用意作
偈하여 將呈和尚이니 神
秀上座는 是教授師라 秀上
座得法後에는 自可依止니
請不用作이라 하고 諸人이
息心하고 盡不敢呈偈러라
時大師堂前에 有三間房廊
하여 於此廊下에 供養하
여 欲畵楞伽變相하고 幷

문인들이 분부를 받고 각기 자기 방으로
돌아와서 서로 번갈아 말하기를 『우리들
은 굳이 마음을 써서 게송을 지어 화상에
게 바칠 필요가 없다. 신수상좌는 우리의
교수사이므로 신수상좌가 법을 얻은 후에
는 저절로 의지하게 될 터이니 애써서 지
을 필요가 없다』 하고 모두들 생각을 쉬
고 다들 감히 게송을 바치지 않았다.
그때 마침 화공 노진이 五조대사의 방
앞에 있는 삼 칸 복도에 〈능가변상〉과 五
조대사가 가사와 법을 전수하는 그림을

畵五祖大師의 傳授衣法하

고 流行後代하여 爲記케

할새 畵人盧珍看壁了하고

明日下手하려 하니라.

上座神秀思惟하되 諸人이

不呈心偈는 緣我爲敎授師

니 我若不呈心偈면 五祖

如何得見我心中의 見解深

淺이리오 我將心偈하여

上五祖呈意하여 求法은

卽善이어니와 覓祖는 不

그려 공양하고 후대에 전하여 기념하고자

벽을 살펴보고서 다음 날 착수하려고 하

였다.

상좌(上座)인 신수는 생각하였다.

『모두들 마음의 게송을 바치지 않는 것

은 내가 교수사이기 때문이다. 내가 만약

마음의 게송을 바치지 않으면 五祖대사께

서 나의 마음 속의 견해가 얕고 깊음을

어찌 아시리오. 내가 마음의 게송을 五祖

대사께 올려 뜻을 밝혀서 법을 구함은 옳

善하니 却同凡心의 奪其
聖位요 若不呈心하면 終
不得法이라

良久思惟하되 甚難甚難이
로다 夜至三更에 不令人
見하고 遂向南廊下中間壁
上하여 題作呈心偈하여
欲求於法하리라 若五祖見
偈하고 言此偈語不堪이라

거니와 조사가 되기를 바람은 옳지 않다.
도리어 범부의 마음으로 성인의 지위를
빼앗음과 같다. 그러나 만약 마음의 게송
을 바치지 않으면 마침내 법을 얻지 못할
것이다.

한참 동안 생각하여도 참으로 어렵고
어려운 일이며 못내 어려운 일이로다. 밤
이 삼경에 이르면 사람들이 보지 못하게
하고 마침 남쪽 복도의 중간 벽 위에 마
음의 게송을 지어서 붙여 놓고 법을 구하
여야겠다. 만약 五祖대사께서 게송을 보

하여　若訪覓我^{약방멱아}하면　我宿^{아숙}

業障重^{업장중}하여　不合得法^{불합득법}이니

聖意難測^{성의난측}하여　我心自息^{아심자식}이

로다

시고 이 게송이 당치않다고 나를 찾으시

면 나의 전생의 업장이 두터워서 법에 합

당하지 못함이니, 성인의 뜻은 헤아리기

어려우므로 내 마음을 스스로 쉬리라.」

註解

*神秀(?~706)…北宗禪의 祖。唐代 開封人。姓은 李氏。처음에 儒學을 배우고

出家後 諸方에서 修學。年五十에 蘄州 雙峰山 幽居寺에 五祖 弘忍禪師를 訪

하여 師事 六年 五祖會下五百人의 上座가 됨。五祖 示寂後 十數年 修行。洛陽 天宮

陽 玉泉寺住職。則天武后의 請을 受하고 內道場에서 法要를 說함。

寺에서 示寂 壽百餘歲。大通禪師라 諡함。【傳法寶記】·【楞伽師資記】에 傳記

가 있음。著에 【觀心論】이 있음。

*變相…變現의 相이란 뜻。佛의 本生譚 또는 極樂淨土의 變現의 相을 壁이나

絹 등에 畵한 것。여기에는 【楞伽經】의 說法樣相을 그린 佛畵。

*教授師…住持를 도와서 大衆을 지도하는 소임。受戒할 때 三師의 한 분。

*良久…잠시간 無言의 상태를 말함。學人에게 回光返照시킬 때나 言詮不及底를

*示할 때 쓰임。

秀上座三更於南廊下中間壁
上에 秉燭題作偈하니 人인
盡不知러라
偈曰
身是菩提樹요
心如明鏡臺니
時時勤拂拭하여
莫使有塵埃어라
神秀上座 題此偈畢하고
歸房臥하니 竝無人見이라

신수상좌가 밤중에 촛불을 들고 남쪽

복도의 벽 위에 게송을 지어서 써 놓았으

나、사람들이 아무도 알지 못하였다。

게송에 이르기를

몸은 보리의 나무요

마음은 밝은 거울 같나니

때때로 부지런히 털고 닦아서

티끌과 먼지 끼지 않게 하라。

신수상좌가 이 게송을 써놓고 방에 돌아

와서 누웠으나 아무도 본 사람이 없었다。

五祖平旦에　遂喚盧供奉來
하여　南廊下에　畫楞伽變
케 하다가　五祖忽見此偈
하여　讀訖하고　乃謂供奉
曰弘忍이　與供奉錢三十千
하여　深勞遠來하노니　不
畫變相也리라　金剛經에
云　凡所有相이　皆是虛妄이
라 하니　不如留此偈하여
令迷人誦하여　依此修行하
여　不墮三惡道이니　依法

五조대사께서 아침에 노 공봉을 불러
남쪽 복도에 〈능가변상〉을 그리게 하려
하시다가, 문득 이 게송을 보셨다. 읽고
나서 공봉에게 말씀하셨다.

『내가 공봉에게 돈 삼십 천을 주어 멀
리서 온 것을 깊이 위로하니, 변상은 그
리지 않으리라. 【금강경】에 말씀하시기를
「무릇 모양이 있는 모든 것은 다 허망하
다」 하셨으니, 이 게송을 그대로 두어서
미혹한 사람들로 하여금 외우게 하여 이
를 의지하여 행을 닦아 삼악도에 떨어지

修行하면 人有大利益이로
다

大師遂喚門人盡來하여 焚
香偈前케 하니 人衆이 入
見하고 皆生敬心이어늘
五祖曰 汝等이 盡誦此偈者
는 方得見性이니 依此修
行하면 卽不墮落이니라

지 않게 하는 것만 못할 것이다. 법을 의
지하여 행을 닦으면 사람들에게 큰 이익
이 있을 것이니라.」

이윽고 五조대사께서 제자들을 다 불러
오게 하여 게송 앞에 향을 사루게 하시
니, 사람들이 들어와 보고 모두 공경하는
마음을 내므로 五조대사가 말씀하셨다.
『그대들은 모두 이 게송을 외워라. 외
우는 자는 장차 자성(自性)을 볼 것이며
이를 의지하여 수행하면 곧 타락하지 않
으리라.」

門人盡誦하고 皆生敬心하여 喚言善哉러라

제자들이 다들 외우고 모두 공경하는 마음을 내어 『훌륭하다!』고 말하였다.

註解

*三惡道…三惡趣라고도 함. 罪를 犯한 果報로 받는 地獄·餓鬼·畜生 등의 惡한 곳.

*見性…自己心性의 根源이며、일체存在의 근본성품인 眞如佛性을 깨닫는 것.

*善哉…자기 뜻에 맞음을 칭찬하는 말. 좋다·그렇다·옳다의 뜻.

五祖遂喚秀上座於堂內하

고 問是汝作偈否아 若是

汝作이면 應得我法하리라

秀上座言하되 罪過니라

實是神秀作이나 不敢求祖

니 願和尚은 慈悲로 看하

소서 弟子有小智惠하여

識大意否아

五祖曰 此偈에 見即來到

오조대사가 신수상좌를 처소로 불러서 물으시되 『그대가 이 게송을 지은 것이냐? 만약 그대가 지었다면 나의 법을 얻으리라』 하셨다.

신수상좌가 대답하기를 『죄송스럽습니다. 실은 제가 지었습니다. 그러나 감히 조사의 자리를 구함이 아니오니, 원하옵건대 화상께서는 자비로 살펴주옵소서. 제자가 작은 지혜라도 있어서 큰 뜻을 알았습니까?』 하였다.

오조대사가 말씀하시기를 『그대가 지은

나 只到門前이오 尙未得

入이니 凡夫依此偈修行하

면 卽不墮落이나 作此見

解하여 若覓無上菩提하면

卽未可得이라 須入得門하

여사 見自本性이니 汝且

去하여 一兩日來思惟하여

更作一偈하여 來呈吾하라

若入得門하여 見自本性하

이 게송은 소견은 당도하였으나 다만 문 앞에 이르렀을 뿐 아직 문 안으로 들어오지 못하였다. 범부들이 이 게송을 의지하여 수행하면 타락하지는 않겠으나 이런 견해를 가지고 위없는 진리를 찾는다면 결코 얻지 못할 것이다.

모름지기 문 안으로 들어와야만 자기의 본성을 보느니라. 그대는 다시 돌아가서 며칠 동안 잘 생각하여 다시 한 게송을 지어서 나에게 와서 바치도록 하여라.

만약 문 안에 들어와서 자기 본성을 보았

면 當付汝衣法하리라

秀上座去하여 數日作不得

하니라

有一童子하여 於碓房邊過

라가 唱誦此偈어늘 惠能

이 一聞에 知未見性하여

未識*大意라 能이 問童子

하되 適來誦者는 是何言

偈오 童子答能曰 儞不知아

大師言하되 生死事大라하

다면 마땅히 가사와 법을 그대에게 부촉

하리라』 하셨다.

신수상좌는 돌아가서 며칠이 지났으나

게송을 짓지 못하였다.

한 동자가 방앗간 옆을 지나가면서 이

게송을 외우고 있었다. 혜능은 한 번 듣

고, 이 게송이 아직 견성하지 못하였고

큰 뜻을 알지도 못한 것임을 알았다.

혜능이 동자에게 묻기를 『지금 외우는

것은 무슨 게송인가?』 동자가 혜능에게

대답하기를 『그대는 모르는가? 五조대사

여 欲傳衣法하여 令門人等으로 各作一偈하여 來呈看하여 悟大意하면 卽付衣法하여 稟爲六代祖하리라 有一上座名神秀하여 忽於南廊下에 書無*相偈一首려니 五祖令諸門人으로 盡誦케 하되 悟此偈者는 卽見自性하리라 依此修行하면 卽得出離라 하니라.

께서 말씀하시기를 태어나고 죽는 生死大事가 가장 큰 일이니 가사와 법을 전하고자 한다 하시며 제자들로 하여금 각기 게송 한 수씩을 지어 와서 바치라 하시고, 큰 뜻을 깨달았으면 곧 가사와 법을 전하여 六대조사로 삼으리라 하셨는데 신수라고 하는 上座가 선뜻 남쪽 복도 벽에 상(相)을 여읜 게송 한 수를 써 놓았더니, 五조대사께서 모든 문인들로 하여금 다 외우게 하시고 이 게송을 깨달은 이는 바로 자기의 성품을 볼 것이니, 이 게송을

惠能이　答曰　我此踏碓八

簡餘月에　未至堂前하니

望上人은　引惠能至南廊下

하여　見此偈禮拜케　하라

亦願誦取하여　結來生緣하

여　願生佛地하노라　童子

引能至南廊下어늘　能이

即禮拜此偈하고　爲不識字

하여　請一人讀에

의지하여 修行하면 나고 죽는 생사를 벗어나게 되리라」고 하셨다.

혜능이 대답하기를

『나는 여기서 방아찧기를 여덟 달 남짓하였으나, 아직 조사당 앞에 가보지를 못하였으니 바라건대 선배는 나를 남쪽 복도로 인도하여 이 게송을 예배하게 하여 주시오. 그리고 바라건대 이 게송을 외워 내생의 인연을 맺어 부처님 나라에 태어나기를 바라오』하였다. 동자가 혜능을 인도하여 남쪽 복도에 이르렀다. 혜능은 곧 이

惠能聞已하고 卽識大意라

惠能이 亦作一偈하고 又

請得一解書人하여 於西間

壁上에 題著하여 呈自本

心하니 不識本心하면 學

法無益이라 識心見性이라

사 卽悟大意니라 惠能偈

에 曰

게송에 예배하였고, 글자를 알지 못하므로 옆엣사람에게 읽어주기를 청하였다.

혜능은 듣고서 바로 대강의 뜻을 알았다.

혜능도 또한 한 게송을 지어서 글을 쓸 줄 아는 이에게 청하여 서쪽 벽 위에 쓰게 하여 자기의 본래 마음을 나타내 보였다. 본래 마음을 모르면 법을 배워도 이익이 없으니, 마음을 알고 자기 성품을 보아야만 바로 큰 뜻을 깨닫느니라.

혜능은 게송으로 이르기를

菩提는　本無樹요

明鏡은　亦無臺라

佛性은　常淸淨커니

何處에　有塵埃리요.

又偈曰

心是菩提樹요

身爲明鏡臺라

明鏡本淸淨커니

何處染塵埃리요

보리는 본래 나무가 없고

밝은 거울 또한 받침대 없네

부처의 성품은 항상 깨끗하거니

어느 곳에 티끌 먼지 있으리오.

다시 게송으로 이르기를

마음이 보리의 나무요

몸은 밝은 거울의 받침대라

밝은 거울은 본래 깨끗하거니

어느 곳이 티끌과 먼지에 물들리오.

院內徒衆이 見能作此偈하
고 盡怪어늘 惠能却入碓
房하니라

로다

五祖乃謂衆人曰此亦未得了

識大意나 恐衆人知하여

五祖忽見惠能偈하니 即善

五祖夜至三更에 喚惠能堂

內하여 說金剛經이어늘

惠能이 一聞하고 言下에

절 안의 대중들이 혜능이 지은 게송을 보고 다들 괴이하게 여기므로 혜능은 방앗간으로 돌아갔다.

五祖대사가 문득 혜능의 게송을 보시고 바로 큰 뜻을 잘 알고 있음을 알았으나 여러 사람들이 알까 두려워하여 대중에게 말씀하시기를 『이 게송도 또한 아직 깨달지 못하였다』고 말씀하셨다.

五祖대사께서 밤중 삼경에 혜능을 조사당 안으로 불러 《금강경》을 설법해 주셨다. 혜능이 한 번 듣고 말 끝에 바로 깨

便^변悟^오하여　其^기夜^야受^수法^법하니

人^인盡^진不^부知^지러라　便^변傳^전頓^돈法^법及^급

衣^의하되　汝^여爲^위六^육代^대祖^조하니

衣^의將^장爲^위信^신하라　稟^품代^대代^대相^상傳^전

에　法^법*以^이心^심傳^전心^심하여　當^당令^령

自^자悟^오케　하라

五^오祖^조言^언하되　惠^혜能^능아　自^자古^고

傳^전法^법에　命^명如^여懸^현絲^사하여　若^약

住^주此^차間^간하면　有^유人^인害^해汝^여하리

달아서 그날 밤으로 법을 전해받으니 다

른 사람들은 아무도 알지 못하였다.

이내 五조대사는 단박에 깨닫는 법과

가사를 전하며 말씀하셨다.

『그대가 六대조사가 되었으니 가사로써

신표를 삼아 대대로 이어받아 서로 전하

되, 법은 마음으로써 마음에 전하여 마땅

히 스스로 깨치도록 하여라.』

五조대사는 다시 말씀하시기를

『혜능이여, 옛날부터 법을 전함에 있어

서 목숨은 실낱에 매달린 것과 같으니,

니 汝卽須速去하라

能이　得衣法하고　三更에

發去할새　五祖自送能於九*구

江驛하여　登時에　便五祖

處分하되　汝去努力하여

將法向南하여　三年을　勿

弘此法하라　難起하리니

在後弘化하여　善誘迷人하

여　若得心開하면　汝悟로

만약 이곳에 머물면 사람들이 그대를 해칠 것이니 그대는 모름지기 빨리 떠나도록 하여라.』

혜능이 가사와 법을 받고 밤중에 떠나려 하니 五祖스님께서 몸소 구강역까지 혜능을 전송해 주셨으며, 떠날 때 문득 五祖께서 당부하시기를 『그대는 가서 노력하여라. 법을 가지고 남쪽으로 가되, 삼 년 동안은 이 법을 펴려 하지 말아라. 어려운 일이 일어나리라. 뒤에 널리 교화하여 미혹한 사람들을 잘 지도하고 마음

便發向南하니라

無別하리라　辭違已了하고

이 열리면 그대의 깨달음과 다름이 없으리라」고 하셨다.

이에 혜능은 五조스님을 하직하고 곧

兩月中間에　至大庚嶺이

러니　不知向後에　有數百

人來하여　欲擬害惠能하여

奪衣法이러니　來至半路하

여　盡惣却廻하고　唯有一

僧姓陳名惠明하니　先은

是三品將軍이라　性行이 麁

떠나서 남쪽으로 향하였다.

두 달 가량 되어서 대유령에 이르렀는데,

모르는 결에 뒤에서 수백 명의 사람들이

쫓아와서 혜능을 해치고 가사와 법을 빼앗

고자 하다가 반쯤 와서 다들 돌아갔다.

오직 한 사람만이 돌아가지 않았는데,

성은 진이요 이름은 혜명이며, 선조는 삼

품장군으로 성품과 행동이 거칠고 포악하

		却向北化人來케 하니라	늘 能이 使惠明으로 卽	이 得聞하고 言下心開어	에 便傳法惠明한대 惠明	要其衣니다 能이 於嶺上	我故遠來는 求法이요 不	還法衣하되 又不肯取하고	趁犯著이어늘 惠能이 卽	惡하여 直至嶺上하여 來
		각향북화인래	능 사혜명 즉	득문 언하심개어	변전법혜명 혜명	요기의 능 어령상	아고원래 구법 불	환법의 우불긍취	진범착 혜능 즉	악 직지령상 래

화하라고 당부하였다.

여금 곧 북쪽으로 돌아가서 사람들을 교

마음이 열렸으므로, 혜능은 혜명으로 하

을 전하니 혜명이 법문을 듣고 말 끝에

혜능이 고갯마루에서 바로 혜명에게 법

필요하지 않습니다』 하였다.

멀리 온 것은 법을 구함이요 그 가사는

는 또한 받으려 하지 않고 『제가 일부러

혜능이 바로 가사를 돌려 주었으나 그

치려 하였다.

여 바로 고갯마루까지 쫓아 올라와서 덮

惠能이 來依此地하니 與
諸官僚道俗으로 亦有累劫
之因이로다 教是先聖所傳
이요 不是惠能自知니 願
聞先聖教者는 各須淨心하
여 聞了願自除迷하여 如
先代悟하라

惠能大師喚言하되 善知識
아 菩提般若之智는 世人

혜능이 이곳에 와서 머무른 것은 모든

관료·수도인·속인들과 더불어 오랜 세

월을 두고 많은 인연이 있어서이다.

본래 가르침은 옛 성인이 전하신 바요

혜능 스스로 안 것이 아니니, 성인들의

가르침 듣기를 원하는 이는 각기 모름지

기 마음을 깨끗이 하여 법을 듣고 나서

스스로 미혹함을 없애어 옛 사람들의 깨

달음과 같기를 바랄지니라.

혜능대사가 다시 말씀하였다.

『선지식들이여, 보리반야의 지혜는 세

이 本_본自_자有_유之_지로되 卽_즉緣_연心_심
迷_미하여 不_부能_능自_자悟_오하니 須_수
求_구大_대善_선知_지識_식하여 示_시導_도로
見_견性_성하라 善_선知_지識_식아 遇_우悟_오
卽_즉成_성智_지로다

상 사람들이 본래부터 스스로 지니고 있는 것인데, 다만 마음이 미혹하여 능히 스스로 깨닫지 못하느니라. 모름지기 큰 선지식의 지도를 구하여 자기의 성품을 보아야 하느니라. 선지식들이여, 깨닫게 되면 바로 위없는 지혜를 이루느니라.」

註解

* 無_무上_상菩_보提_리…모든 번뇌를 끊고 眞_진如_여佛_불性_성을 깨달은 지혜. 無_무上_상正_정覺_각·阿_아耨_녹多_다羅_라三_삼藐_막三_삼菩_보提_리(Anuttara-samyak-sambodhi). 또는 般_반若_야波_바羅_라蜜_밀.
* 大_대意_의…見_견性_성悟_오道_도하여 生_생死_사解_해脫_탈하는 큰 포부.

註解

* 無相偈(무상게)…상대적인 相(상)을 여읜 게송. 一切萬有(일체만유)의 眞性(진성)이 空寂圓明(공적원명)하여 모든 名(명)

* 願生佛地(원생불지)…佛國土(불국토)에 태어나기를 서원함.

* 惠能大師偈頌(혜능대사게송)이 敦煌本(돈황본)에는 『佛性常淸淨(불성상청정) 何處有塵埃(하처유진애)』가 各(각) 流通本(유통본)에는 『本來(본래)

* 無一物(무일물) 何處惹塵埃(하처야진애)』로 되어 있음. 壇經(단경) 流通本(유통본)은 德異本(덕이본)·宗寶本(종보본) 등이 있음.

* 頓法(돈법)…점차로 位次(위차)를 밟아서 修行(수행)하지 않고 단박에 깨닫는 참선법을 말함.

* 以心傳心(이심전심)…마음으로써 마음에 전함. 禪宗(선종)에서 스승과 제자의 사이에 서로 만나 法(법)을 전하고 文字(문자)나 言說(언설)의 依(의)하지 않는 것.

* 九江驛(구강역)…江蘇省(강소성) 九江郡(구강군)에 있는 나루터. 五祖대사가 六祖대사를 배웅하던 나루터.

* 大庾嶺(대유령)…江西省(강서성) 大庾縣(대유현)과 廣東省(광동성) 南雄縣(남웅현)과의 境界(경계)에 있음. 中國 五嶺(오령)의 하나.

二、定^정惠^혜一^일體^체

定^정과 惠^혜는 본래로 하나

二、定惠一體

善知識아　我此法門은　以

定惠爲本하나니　第一勿迷

言惠定이　別하라　定惠는

體一不二라　即定是惠體요

即惠是定用이니　即定之時

에　定在惠하고　即定之時

에　惠在定이니라

善知識아　此義는　即是定

惠等이니

二、定과 惠는 본래로 하나

『선지식들이여, 나의 이 법문은 정과 혜로써 근본을 삼나니, 첫째로 미혹하여 혜와 정이 다르다고 말하지 말라. 정과 혜는 몸이 하나여서 둘이 아니니라. 곧 정은 바로 혜의 몸이요 곧 혜는 바로 정의 작용이니, 혜가 나타날 때 정이 혜 안에 있고, 또한 정이 나타날 때 혜가 정 안에 있느니라.

선지식들이여, 이러한 뜻은 곧 바로 정

學道之人은 作意하되 莫
言先定發惠하며 先惠發定
하여 定惠各別하라 作此
見者는 法有二相이니 口
說善하고 心不善하면 惠
定不等이요 心口俱善하여
內外一種이면 定惠卽等이
니라

自悟修行은 不在口諍이니

과 혜를 함께 함이니라.

도를 배우는 이는 짐짓 정을 먼저 하여
혜를 낸다거나 혜를 먼저 하여 정을 낸다
고 해서 정과 혜가 각기 다르다고 말하지
말라. 이런 소견을 짓는 이는 법에 두가
지 모양(相)이 있는 것이니라. 입으로는
착함을 말하면서 마음이 착하지 않으면
지혜와 선정을 함께 함이 아니요, 마음과
말이 함께 착하여 안팎이 한 가지면 선정
과 지혜가 곧 함께 함이니라.

스스로 깨달아 수행함은 말로 다투는 데

若_약淨_쟁先_선後_후하면　卽_즉是_시迷_미人_인이
라　不_부斷_단勝_승負_부니　却_각生_생法_법我_아
하여　不_불離_리四_사相_상이니라

있지 않으며, 만약 앞뒤를 다투면 이는
곧 미혹한 사람으로서 이기고 지는 것을
끊지 못함이니, 도리어 법집과 아집이 생
겨 네 모양(四相_{사상})을 버리지 못함이니라.

註解

＊生_생法_법我_아…法_법執_집과 我_아執_집을 일으키는 妄_망見_견. 法_법執_집은 客_객觀_관인 物_물心_심현상을 實_실在_재하는 줄 잘못 알고 고집하는 것. 또는 教_교法_법에 얽매여 집착하고 도리어 진정한 깨달음을 얻지 못함. 我_아執_집은 無_무我_아의 도리를 모르고 자기 心_심身_신이 실재한다고 집착함.

＊四_사相_상…我_아相_상·人_인相_상·衆_중生_생相_상·壽_수者_자相_상. 凡_범夫_부衆_중生_생의 네 가지 잘못된 견해. ①我_아相_상: 五_오蘊_온이 和_화合_합하여 생긴 몸과 마음에 실재의 我_아와 我_아의 所_소有_유가 있다고 집착하는 소견. ②人_인相_상: 我_아는 人_인間_간이어서 畜_축生_생 등과 다르다고 집착하는 소견. ③衆_중生_생相_상: 我_아는 五_오蘊_온法_법으로 말미암아 생긴 것이라고 집착하는 소견. ④壽_수者_자相_상: 我_아는 일정한 기간의 목숨이 있다고 집착하는 소견.

*一行三昧者는 於一切時中 行住坐臥에 常行直心이 是니 淨名經에 云直心이 是道場이요 直心이 是淨土라 하니라

莫心行諂曲하고 口說法直하라 口說一行三昧하고 不行直心하면 非佛弟子니라 但行直心하여 於一切法에 無有執著이 名一行三昧어늘

일행삼매란 어느 때나 가거나 머물거나 앉거나 눕거나 항상 곧은 마음을 행하는 것이니라. 《정명경》에 말씀하기를 「곧은 마음이 바로 도량이요 곧은 마음이 바로 정토라」고 하였느니라.

마음에 아첨하고 굽은 생각을 가지고 입으로만 법의 곧음을 말하지 말라. 입으로는 일행삼매를 말하면서 곧은 마음으로 행동하지 않으면 부처님 제자가 아니니라. 단지 곧은 마음으로 행동하여 모든 법에 집착하지 않음을 일행삼매라고 하느니라.

迷人은 著法相하여 執一

行三昧하여 直心을 坐不

動이라 하며 除妄不起心

이 卽是一行三昧라 하나

니 若如是하면 此法은

同無情이라 却是障道因緣

이니라

道須通流니 何以却滯리오

心不住在하면 卽通流니

住卽被縛이라

그러나 미혹한 사람은 법의 모양에 집

착하고 일행삼매에 국집하여, 곧은 마음

은 앉아서 움직이지 않는 것이라고 하며

망심을 제거하여 일으키지 않음이 일행삼

매라고 하나, 만약 이와 같다면 이러한

법은 무정(無情)과 같은 것이니 도리어

도(道)를 장애하는 인연이니라.

도(道)는 모름지기 통하여 흘러야 하나

니, 어찌 도리어 정체할 것인가? 마음이

머물러 있지 않으면 바로 통하여 흐르는

것이요, 머물러 있으면 바로 속박이 되는

若坐不動이 是면 維摩詰이 不合呵舍利弗의 宴坐林中이니라

것이니라. 만약 앉아서 움직이지 않음이 옳다고 한다면 사리불이 숲 속에 조용히 앉아 있는 것을 유마힐이 꾸짖었음이 합당하지 않느니라.

善知識아 又見有人이 教人坐하여 看心看淨하며 不動不起라 하여 從此置功하나니 迷人은 不悟하고 便執成顚하여 即有數百般하니 如此教道者는

선지식들이여, 또한 어떤 분이 사람들에게 「앉아서 마음을 관찰하고 깨끗함을 관찰하되 움직이지도 말고 일어나지도 말라」고 가르치고 이것으로써 공부를 삼게 하는 것을 보나니, 미혹한 사람은 이것을 깨닫지 못하고 문득 거기에 집착하여 전

故知大錯_{고지대착}이로다

善知識_{선지식}아　定惠_{정혜}는　猶如何_{유여하}
等_등고　如燈光_{여등광}하니　有燈卽_{유등즉}
有光_{유광}이요　無燈卽無光_{무등즉무광}이라
燈是光之體_{등시광지체}요　光是燈之用_{광시등지용}
이니　名卽有二_{명즉유이}나　體無兩_{체무양}
般_반이라　此定惠法_{차정혜법}도　亦復_{역부}
如是_{여시}니라

故知大錯_{고지대착}이로다

도(顚倒)됨이 수 백 가지이니, 이렇게 도
를 가르치는 것은 크게 잘못된 것임을 애
써 알아야 하느니라.』

『선지식들이여, 정과 혜는 무엇과 같은
가? 등불과 그 빛과 같으니라. 등불이
있으면 곧 빛이 있고 등불이 없으면 빛이
없으므로 등불은 빛의 몸이요 빛은 등불
의 작용이니, 이름은 비록 둘이나 몸은
둘이 아니니, 정과 혜의 법도 또한 이와
같으니라.』

註解

* 一行三昧…(Ekavyūha-samādhi) 전 우주의 온갖 物心현상은 평등하고 眞如佛性의 한 모양인 줄을 관찰하는 삼매. 一相三昧라고도 하고 一相莊嚴三昧라고도 함. 四祖 道信大師가 〔入道安心要方便法門〕에 『我此法要는 〔楞伽經〕의 諸佛心第一과 〔文殊說般若經〕의 一行三昧에 依한다』하였음. 道信大師는 一行三昧를 入道의 要門이라 하였으며, 神會大師도 『만약 甚深法界에 了達하려는 者는 바로 一行三昧에 入하라고 說하며 般若波羅蜜은 即是一行三昧라』하였다.

* 常行直心…항상 純一無垢한 正直한 마음으로 意志하고 행동하는 것.

* 定惠…佛法은 선정과 지혜가 둘이 아님을 근본으로 삼음. 〔涅槃經〕二十八에 『諸佛世尊定惠均等故明見佛性이라』하였음.

善知識아 法無頓漸이로
되 人有利鈍이라 迷卽漸
契하고 悟人은 頓修하나
니 識自本心이 是見本性
이라 悟卽元無差別이로되
不悟면 卽長劫輪廻니라

善知識아 我自法門은 從
上已來로 頓漸皆立하고

『선지식들이여、 법에는 단번에 깨달음과 점차로 깨달음이 없다. 그러나 사람에 따라 영리하고 우둔함이 있으니、 미혹하면 점차로 계합하고 깨달은 이는 단번에 닦느니라.

자기의 본래 마음을 아는 것이 본래의 성품을 보는 것이니、 깨달으면 원래 차별이 없으나、 깨닫지 못하면 오랜 세월을 윤회하느니라.』

『선지식들이여、 나의 이 법문은 옛부터 단번에 깨침과 점차로 깨달음을 모두 세

無念爲宗하여　無相爲體하
며　無住爲本이니라

何名無相고　無相者는　於
相而離相이요　無念者는
於念이 不念이요　無住者는
爲人本性이　念念不住하나

前念今念後念이　念念相續
하여　無有斷絶하나니　若

우나니, 생각없음을 종으로 삼으며, 모양

없음을 본체로 삼고 머무름 없음으로 근

본을 삼느니라.

어떤 것을 모양이 없다고 하는가?

모양이 없다고 하는 것은 모양에서 모양

을 여읜 것이요, 생각이 없다고 하는 것

은 생각에 있어서 생각을 여읜 것이며,

머무름이 없다고 하는 것은 사람의 본래

성품이 생각마다 머무르지 않는 것이니라.

그러나 지나간 생각과 지금 생각과 다

음 생각이 생각생각 서로 이어져 끊어짐

一念斷絶하면　法身이　即
是離色身이니라
念念時中에　於一切法上無
住니　一念若住하면　念念
即住라　名繫縛이요　一切
法上에　念念不住하면　即
無縛也일새　是以無住로
爲本이니라

이 없나니, 만약 한 생각이 끊어지면 법신(法身)이 곧 육신을 떠나느니라.

생각생각 중에 모든 법 위에 머무름이 없나니, 한 생각이라도 머무르면 생각마다에 머무르는 것이므로 얽매임이라고 부르며, 모든 법 위에 순간순간 생각이 머무르지 아니하면 곧 얽매임이 없는 것이니, 그러므로 머무름이 없는 것으로 근본을 삼느니라.」

註解

* 長劫…오랜 세월. 헤아릴 수 없는 아득한 시간.

* 輪廻…사람이 자기가 지은 바 業(Karma)에 따라 三界(欲界·色界·無色界)、
六道(지옥·아귀·축생·아수라·人間·天上)로 生死를 되풀이 하는 것. 業은
身·口·意로 짓는 행위와 그에 따른 세력.

* 無念…有無·善惡을 생각하지 않고 菩提、涅槃에도 집착하지 않는 순수한 생
각을 말함. 無念卽一念卽是一切智이며 一切智는 卽是甚深般若波羅蜜이며 波
羅蜜은 卽是如來禪이다.【神會語錄】

* 無相…一切事物은 因緣따라 이루어지고 緣의 변화에 따라 변화 消滅되는 것으
로서 幻影에 불과하다.【金剛經】에 『凡所有相皆是虛妄 若見諸相非相則見如來』라
云함.【神會語錄】에 『一切衆生은 本來無相이다. 心若無相卽是佛心也』라 云함.

* 無住…執着이 없는 것.【金剛經】에 『應無所住而生其心』. 無所住、無執着의
淸淨佛心을 말함.

善知識아 外離一切相이
是無相이니 但能離相하면
性體清淨이라 是以無相爲
體니라 於一切境上에 不
染이 名爲無念이니 於自
念上離境하여 不於法上念
生이니라

莫百物不思하여 念盡除
却하라 一念이 斷하면
即無別處受生이니라

『선지식들이여, 밖으로 모든 모양을 여
의는 것이 모양이 없는 것이다. 오로지
모양을 여의기만 하면 자성의 본체는 청
정한 것이니, 그러므로 모양 없는 것으로
본체를 삼느니라. 모든 경계에 물들지 않
는 것을 생각이 없는 것이라고 하나니,
자기의 생각 위에서 경계를 떠나고 법에
대하여 생각이 나지 않는 것이니라.

일백 가지 모든 사물을 생각하지 않고서
생각을 모조리 제거하지 말라. 한 생각 끊
어지면 곧 다른 곳에 태어날 수 없느니라.

學道者는 用心하여 莫不
息法意하라 自錯은 尚可
어니와 更勸他人가 迷不
自見하고 又謗經法하니
是以立無念爲宗이니라 卽
緣迷人이 於境上에 有念
하고 念上에 便起邪見하
여 一切塵勞妄念이 從此
而生하니라
然此教門은 立無念爲宗하

도(道)를 배우는 이는 마음을 써서 법의 뜻을 쉬도록 할지니, 자기의 잘못은 오히려 그렇다 하더라도 다시 다른 사람에게 권하겠는가. 미혹하여 스스로 알지 못하고 또한 경전의 법을 비방하나니, 그러므로 생각없음(無念)을 세워 종지(宗旨)를 삼느니라. 인연에 미혹한 사람은 경계 위에 생각을 내고 생각 위에 다시 삿된 견해를 일으키므로 모든 번뇌와 망령된 생각이 이로부터 생기느니라.

그러므로 이 가르침의 문은 무념(無念)

나니 世人(세인)이 離見(리견)하여

不起於念(불기어념)하여 若無有念(약무유념)하

면 無念(무념)도 亦不立(역불립)이니라

無者(무자)는 無何事(무하사)며 念者(염자)는

念何物(염하물)고

無者(무자)는 離二相諸塵勞(리이상제진로)요

念者(염자)는 念眞如本性(염진여본성)이니

眞如(진여)는 是念之體(시념지체)요 念是(염시)

眞如之用(진여지용)이라

*自性起念(자성기념)하여 雖即見聞(수즉견문)

을 세워 종지(宗旨)를 삼느니라. 세상 사람들이 소견을 여의고 생각을 일으키지 않아서 만약 생각함이 없으면 생각없음(無念)도 또한 서지 않느니라.

없다함은 무엇이 없다는 것이고 생각함이란 무엇을 생각하는 것인가?

없다함은 두 모양(二相)의 모든 번뇌를 떠난 것이요 생각함이란 진여(眞如)의 본성을 생각하는 것으로서, 진여는 생각의 본체요 생각은 진여의 작용이니라.

그러므로 자기의 성품(自性)이 생각을

覺知_{각지}나 不染萬境而常自在_{불염만경이상자재}

로다 維摩經_{유마경}에 云外能善_{운외능선}

分別諸法相_{분별제법상}하고 內於第一_{내어제일}

義而不動_{의이부동}이라 하니라

일으켜 비록 보고 듣고 느끼고 아는 것이

나, 일만 경계에 물들지 않아서 항상 자

재하느니라. 【유마경】에 말씀하시기를

「밖으로 능히 모든 법의 모양을 잘 분별

하나 안으로는 첫째의 요긴한 뜻에 있어

서 움직이지 않는다」 하셨느니라.』

註解

* 莫百物不思…… 無念이란 아무 것도 생각하지 않는 것이 아니라 모든 대상에 대하여 집착하지 않음을 逆說的으로 말한 것으로서, 百物을 생각하지 않고 念을 斷絶하면 바로 法縛으로서 邊見이라고 함.

* 塵勞妄念…… 塵勞는 마음을 괴롭히는 煩惱. 곧 번뇌망상을 의미함.

* 自性起念…… 自性은 眞如法性으로서 바로 佛性을 의미함. 自性 곧 眞如佛性에서 생각을 일으키면 모든 경계에 물들지 않고 항상 自在하다.

三、教授禪定

교수선정

참다운 참선의 가르침

三、 教授^{교수}禪定^{선정}

善知識^{선지식}아 此法門中^{차법문중}에 坐^좌

禪^선은 元不著心^{원불착심}하며 亦不^{역불}

著淨^{착정}하며 亦不言動^{역불언동}하나니

若言看心^{약언간심}하면 心元是妄^{심원시망}이

라 妄如幻故^{망여환고}로 無所看也^{무소간야}

요 若言看淨^{약언간정}하면 人性^{인성}은

本淨^{본정}이로되 爲妄念故^{위망염고}로

三、 참다운 참선의 가르침

『선지식들이여、 이 법문 중의 좌선은

원래 마음에 집착하지 않고 또한 깨끗함

에도 집착하지 않느니라。 또한 움직임도

(움직이지 않음도) 말하지 않나니、 만약

마음을 본다고 말한다면、 마음은 원래 허

망한 것이며 허망함이 허깨비와 같은 까

닭에 볼 것이 없느니라。 만약 깨끗함을

본다고 말한다면 사람의 성품은 본래 깨끗

함에도 허망한 생각으로 진여(眞如)가 덮

*蓋覆眞如니 離妄念하면

本性淨이라

不見自性本淨하고 心起看

淨하면 却生淨妄이니라

妄無處所라 故知看者는

却是妄也요 淨無形相이어

늘 却立淨相하여 言是功

夫하면 作此見者는 障自

本性하여 却被淨縛*이니라

인 것이므로 허망한 생각만 여의면 성품은 본래대로 깨끗하나니라.

자기의 성품이 본래 깨끗함은 보지 아니하고 마음을 일으켜 깨끗함을 본다고 하면 도리어 깨끗하다고 분별하는 망상(淨妄)이 생기느니라.

망상은 처소가 없으니, 그러므로 본다 고 하는 것이 도리어 허망된 것임을 알 라. 깨끗함은 모양이 없거늘, 도리어 깨 끗한 모양을 세워서 이것을 공부라고 말 한다면 이러한 소견을 내는 이는 자기의

若不動者는　不見一切人過
患하면　是는　性不動이어
니와　迷人은　自身은　不
動하나　開口卽說人是非하
나니　與道違背로다
看心看淨은　却是障道因緣
이니라

본래 성품을 가로막아 도리어 깨끗함에 묶이게(淨縛) 되느니라. 만약 마음이 움직이지 않는 이가 사람들의 허물을 보지 않는다면 이는 자성(自性)이 움직이지 않는 것이다. 그러나 미혹한 사람은 자기의 몸은 움직이지 아니하나, 입만 열면 곧 남의 옳고 그름을 말하나니, 도(道)와는 어긋나 등지는 것이니라. 그래서 마음을 보고 또는 깨끗함을 본다고 하는 것은 도리어 도(道)를 장애하는 인연이니라.

今記汝하노니 是此法門
中에 何名坐禪고 此法門
中엔 一切無碍하여 外於
一切境界上에 念不起爲坐
요 內見本性不亂이 爲禪
이니라
何名爲禪定고 外離相曰禪
이요 內不亂曰定이니 外
若有相하나 內性不亂하면
本自淨自定이로되 只緣境
觸하여 觸即亂하나니 離

이제 그대들에게 이르노니, 이 법문 가운데 어떤 것을 좌선이라 하는가? 이 법문 가운데는 일체 걸림이 없어서, 밖으로 모든 경계 위에 생각이 일어나지 않는 것이 앉음(坐)이며, 안으로 본래 성품을 보아 어지럽지 않음이 선(禪)이니라.

어떤 것을 선정이라 하는가? 밖으로 모양(相)을 떠남이 선(禪)이요, 안으로 어지럽지 않음이 정(定)이니라. 가사 밖으로 모양이 있어도 안으로 성품이 어지럽지 않으면 본래대로 그대로 깨끗하고

相_{상불란}不亂이 卽_{즉정}定이라 外_{외리}離

相_상이 卽_{즉선}禪이요 內_{내불란}不亂이

卽_{즉정}定이니 外_{외선내정}禪內定이 故_고

名_{명선정}禪定이니라

維_{유마경}摩經에

*云_{운즉시활연}卽時豁然하여

還_{환득본심}得本心이라 하고

菩_{보살계}薩戒에

*云_{운본원자성}本源自性이

그대로 정(定)이니라. 그러나 다만 경계

에 부딪침으로 말미암아 부딪치게 되면

곧 어지럽게 되나니, 모양(相)을 여의고

어지럽지 않은 것이 곧 정(定)이니라. 밖

으로 모양(相)을 떠나는 것이 곧 선(禪)

이요 안으로 어지럽지 않은 것이 곧 정

(定)이니, 밖으로 선(禪)하고 안으로 정

(定)함을 선정(禪定)이라 이름하느니라.

【유마경】에 말씀하기를 「즉시에 활연히

깨달아 본래 마음을 도로 찾는다」 하였고,

보살계에 말씀하기를 「본래 근원인 자

清淨이라 하니 善知識아

見自性自淨하라 自修自作

이 自性法身이며 自行이

佛行이며 自作自成이 佛

道니라

「성(自性)이 청정하다」 하였느니라.

선지식들이여, 자기 성품이 스스로 청정함을 볼지니, 스스로 닦아 스스로 이룸이

자기 성품인 법신(法身)이며, 법신 그대로

행함이 부처님의 행위이며, 스스로 짓고

스스로 이룸이 부처님의 도(道)이니라.」

* 蓋覆眞如(개복진여)... 妄念(망념)이 眞如佛性(진여불성)을 덮어 가리우다.

* 淨縛(정박)... 淸淨(청정)하다는 分別執着(분별집착)으로 마음(自性자성)이 속박되는 것. 所見(소견)에 대한 속박을 法縛(법박) 또는 法執(법집)이라 함.

* 維摩經(유마경)... 維摩詰(유마힐)이 說(설)한 經(경). 維摩詰(유마힐)은 淨名(정명) 또는 無垢稱(무구칭)이라 번역하며 인도 비야리국 長者(장자)로서 그 수행이 가륵하여 佛弟子(불제자)들의 모범이 되었음.

* 菩薩戒經(보살계경)...〔梵網經(범망경)〕을 말하며 十重禁(십중금)四十八輕戒(사십팔경계)를 說(설)하여 菩薩(보살)의 戒律(계율)을 밝힘.

* 自性淸淨(자성청정)... 本性淸淨(본성청정)이나 性自淸淨(성자청정)이나 같은 뜻으로서 모든 存在(존재)의 實性(실성)인 眞如佛性(여불성)이 本來(본래)로 淸淨(청정)하여 常住不滅(상주불멸)함을 의미함.

四、

歸依自性三身佛
귀의 자성 삼신불

自性의
자성

三身佛에
삼신불

歸依하다
귀의

四、歸依自性三身佛

善知識아　惣須自體하여　以受無相戒하되　一時에　逐惠能口道하라　令善知識으로見自三身佛케　하리라　於自色身에　歸依淸淨法身佛하며　於自色身에　歸依千百億化身佛하며　於自色身에　歸依當來圓滿報身佛하라　(已上三唱)

四、自性의　三身佛에　歸依하다

『선지식들이여, 모두 모름지기 자기의 몸으로 모양(相)을 여읜 무상계(無相戒)를 받되, 다 함께 혜능의 입을 따라 말하라. 선지식들로 하여금 자기의 삼신불(三身佛)을 보게 하리라.

「나의 색신의 청정법신불에 귀의하오며, 나의 색신의 천백억화신불에 귀의하오며, 나의 색신의 당래원만보신불에 귀의합니다」 하라.(이상 세 번 외움)

色身은 是舍宅이라 不可수 없다. 앞의 세 몸은 자기의 법성(法性) 속에 있고 사람마다 다 가진 것이나

色身은 집과 같으므로 귀의한다고 말할

言歸니 向者三身이 在自

미혹하여 보지 못하고 밖으로 삼신부처를

爲迷不見하여 外覓三身如

찾고 자기 색신 속의 세 성품의 부처는

來하고 不見自色身中三性

보지 못하느니라.

佛하나니라 善知識아 聽

선지식들은 들을지니, 선지식들에게 말

하라 與善知識說하여 令

하여 선지식들로 하여금 각기 자기의 색

善知識으로 於自色身에

신에 있는 자기의 법성(法性)이 삼신불

見自法性이 有三身佛케

(三身佛)을 지니고 있음을 깨닫게 하리

하리라

라.

註解

* 自性三身佛(자성삼신불)… 一體三身自性佛(일체삼신자성불)이라고도 함. 眞如佛性(진여불성)의 無量功德(무량공덕)을 人格的(인격적) 意義(의의)를 부여하여 法身(법신)·報身(보신)·化身(화신)(또는 應身(응신))의 三佛身(삼불신)으로 나누어 說明(설명)하기도 하나 本來(본래)로 一味平等(일미평등)한 眞如法性(진여법성)임. 〔十地經論(십지경론)〕의 所說(소설)이 널리 通用(통용)됨.

* 法身(법신)… 眞如佛性(진여불성)의 理體(리체)가 無邊無量(무변무량)하고 無色無形(무색무형)의 理佛(리불)을 말함.

* 化身(화신)… 應身(응신) 또는 應化身(응화신)이라고도 말함. 法身(법신)(理)과 報身(보신)(智)의 不二(불이)의 妙體(묘체)에 서 衆生(중생)을 化度(화도)하기 위하여 種種(종종)으로 應現(응현)한 佛身(불신)을 말함. 小乘的(소승적)으로 歷史的(역사적)인 釋尊(석존)을 의미하기도 하나、大乘的(대승적)으로는 一切萬有(일체만유)를 의미함.

* 報身(보신)… 智慧(지혜)·慈悲(자비) 등 一切功德(일체공덕)을 圓滿具足(원만구족)한 佛身(불신)을 말함.

此三身佛은　從性上生이니

何名淸淨法身佛고

善知識아　世人의　性이

性이라　思量一切惡事하면

本自淨하여　萬法이　在自

卽行於惡하고　思量一切善

事하면　便修於善行하나니

知如是一切法이　盡在自性

하여　自性이　常淸淨하니

라

이　삼신(三身)의　부처는　자성으로부터

생기나니、　어떤　것을　청정법신불(淸淨法

身佛)이라고　하는가?

선지식들이여、　세상　사람들　성품은　본

래　청정하여　만　가지　법이　다　자기의

성품이　갖추어　있나니、　모든　악한　일을

생각하면　바로　악을　행하게　되고、　모든

착한　일을　생각하면　바로　착한　일을　행하

게　되는　것이니라.　이와　같이　모든　법이

다　자성　가운데　있으며　자성은　항상　청정

함을　알아야　하느니라.

日月常明하되 只爲雲覆蓋
하여 上明下暗하여 不能
了見日月星辰이라가 忽遇
惠風이 吹散하여 卷盡雲
霧하면 萬像森羅가 一時
皆現하나니라
世人性淨이 猶如淸天하여
惠如日智如月하니 智惠常
明하되 於外著境하여 妄
念浮雲이 蓋覆하여 自性
不能明이라 故遇善知識이

해와 달은 항상 밝으나 다만 구름이 덮

이면 위는 밝고 아래는 어두워서 일월성

신을 보지 못하나니, 홀연히 지혜의 바람

이 불어 구름과 안개를 다 걷어버리면 삼

라만상이 일시에 모두 나타나느니라.

세상 사람들의 자성이 깨끗함도 맑은

하늘과 같고 지혜는 해와 달과 같으니라.

지혜는 항상 밝지마는 밖으로 경계에 집

착하여 망념의 뜬구름이 덮여 자성(自性)

이 밝지 못할 뿐이니라.

그러므로 선지식을 만나 참법문을 열어

開眞法하여 吹却迷妄하면

內外明徹하여 於自性中에

萬法이 皆見하여 一切法

의 自在性이 名爲淸淨法

身이니라 自歸依者는 除

不善行이 是名歸依니라

何名爲千百億化身佛고

不思量하면 性卽空寂이

로되 思量하면 卽是自化

주어 미망을 불어 물리쳐버리면 안팎이 사무쳐 밝아서 자기의 성품(自性)가운데 만법이 다 나타나게 되나니, 모든 법에 자재한 성품을 청정법신(淸淨法身)이라 이름하느니라.

스스로 돌아가 의지함(自歸依)이란 착하지 못한 행동을 없애는 것이며 이것을 이름하여 귀의(歸依)함이라 하느니라.

무엇을 천백억화신불이라고 하는가? 헤아리지 않으면 자성(自性)은 바로 비어 있어 고요하지만 생각하고 헤아리면 곧

라 思量惡法하면 化爲地
獄이요 思量善法하면 化
爲天堂하고 毒害는 化爲
畜生하며 慈悲는 化爲菩
薩하며 智惠는 化爲上界
하고 愚癡는 化爲下方하
여 自性變化甚多어늘 迷
人은 自不知見이로다
一念善하면 智惠卽生하
나니 此名自性化身이니라

바로 스스로 변화하나니, 악한 것을 생각하면 변화하여 지옥이 되고 착한 법을 생각하면 변화하여 천당이 되고 독과 해침은 변화하여 축생이 되고 자비는 변화하여 보살이 되며, 지혜는 변화하여 윗세계가 되고 우치함은 변화하여 아랫나라가 되어 자성(自性)의 변화가 매우 많거늘, 미혹한 사람은 스스로 알아보지를 못하느니라.

한 생각이 착하면 바로 지혜가 생기나니, 이것을 이름하여 자성화신불(自性化身佛)이라 하느니라.

何名圓滿報身身佛고
一燈이　能除千年暗하고
一智能滅萬年愚하나니　莫
思向前하고　常思於後하라
常後念善이　名爲報身佛이
니라
一念惡報는　却千年善止하
고　一念善報는　却千年惡
滅하나니　無始已來로　後
念善이　名爲報身이니라

무엇을 원만보신불이라고 하는가?

한 등불이 능히 천 년의 어둠을 없애고

한 지혜가 능히 만 년의 어리석음을 없애나니, 과거를 생각하지 말고 항상 미래를 생각할지니, 항상 미래의 생각이 착한 것을 이름하여 보신불(報身佛)이라 하느니라.

한 생각의 악한 과보는 천 년의 착함을 도리어 그치게 하고, 한 생각의 착한 과보는 천 년의 악을 물리쳐 없애나니, 비롯함이 없는 때로부터 미래의 생각이 착함을 보신(報身)이라고 이름하느니라.

從^종法^법身^신思^사量^량이　即^즉是^시化^화身^신이

요　念^염念^념善^선이　即^즉是^시報^보身^신이

며　自^자悟^오自^자修^수卽^즉名^명歸^귀依^의也^야라

皮^피肉^육은　是^시色^색身^신이며　是^시舍^사

宅^택이라　不^불在^재歸^귀依^의也^야니　但^단

悟^오三^삼身^신하면　卽^즉識^식大^대意^의로다

법신을 좇아 생각함이 바로 화신이요、생각마다 착한 것이 바로 보신이며、스스로 깨달아 스스로 닦음이 바로 귀의(歸依)라 이름하나니、가죽과 살은 색신이며 집이므로 귀의할 곳이 아니며 다만 삼신(三身)을 깨달으면 바로 큰 뜻을 아느니라.」

註解

* 歸依…自己의 本性인 眞如佛性의 功德을 스스로 깨닫고 스스로 實踐하는 것이 진정한 歸依이다. 自己의 本性에 法身·報身·化身의 三身佛의 無量功德이 具足해 있음을 알고 如法히 生活함이 진정한 菩薩이며 般若波羅蜜行이다. 惠能大師나 三世諸佛도 三身佛도 모두 自性(眞如佛性)에서 나왔기 때문에 一體三身自性佛이며 自性佛을 깨닫는 見佛性悟道의 가르침이 《六祖壇經》의 中心思想이다.

* 一燈能除千年暗이요 一智能滅萬年愚라…한 등불이 능히 천 년의 어둠을 없애고 한 지혜가 능히 만 년의 어리석음을 없앤다는 六祖大聖의 金口聖言은 오늘날 수많은 情報의 혼란 가운데서 시달리는 현대적 상황에서, 모든 存在의 本性이요 實相인 一味平等한 眞如佛性을 깨닫는 가르침이니, 참으로 最第一의 祝福이 아닐 수 없다.

今旣自歸依三身佛已하니

與善知識으로　發四弘大願

하리라

善知識아　一時逐惠能道하

라　衆生無邊誓願度하며

煩惱無邊誓願斷하며　法門

無邊誓願學하며　無上佛道

誓願成이로다　（三唱）

『이제 이미 스스로 삼신불（三身佛）에

귀의하였으니、선지식들과 더불어 네가

지 넓고 큰 서원을 발하리라.

선지식들이여、다 함께 혜능을 따라 외

울지니

「무량한 중생을 다 제도하기를 서원합

니다.

무량한 번뇌 다 끊기를 서원합니다.

무량한 법문 다 배우기를 서원합니다.

위없는 불도 다 이루기를 서원합니다.」』

善知識아　衆生無邊誓願度
는　不是惠能이　度善知識
이라　心中衆生을　各於自
身에　自性自度니라
何名自性自度오　自色身中
에　邪見煩惱와　愚癡迷妄
에　自有本覺性하여　將正
見度니라。

선지식들이여, 무량한 중생을 맹세코
다 제도한다 함은 혜능이 선지식들을 제
도하는 것이 아니라, 마음 속의 중생을
각기 자기 몸에 있는 자기의 성품으로 제
도하는 것이니라.

어떤 것을 자기 성품으로 스스로 제도
한다고 하는가? 자기 육신 속의 삿된 견해와 번뇌와 어
리석음과 미망에 본래 깨달음의 성품을
스스로 가지고 있으므로 바른 생각으로
제도하는 것이니라.

既悟正見般若之智하여 除
却愚癡迷妄하면 衆生의
各各自度라 邪來면 正度
하고 迷來면 悟度하며
愚來智度하고 惡來善度하
며 煩惱來菩提度하나니
如是度者是名眞度니라

煩惱無邊誓願斷은 自心에
除虛妄이요 法門無邊誓願

이미 바른 생각인 반야(般若)의 지혜를 깨달아서 어리석음과 미망을 없애버리면 중생들 저마다 스스로를 제도하는 것이니라. 삿됨이 오면 바름으로 제도하고, 미혹함이 오면 깨달음으로 제도하고, 어리석음이 오면 지혜로 제도하고, 악(惡)함이 오면 착함(善)으로 제도하며 번뇌가 오면 보리(菩提)로 제도하나니, 이렇게 제도함을 진실한 제도라고 하느니라.

무량한 번뇌를 맹세코 다 끊는다 함은 자기의 마음에 있는 허망함을 제거하는

學은 學無上正法이요　無무

上佛道誓願成은　常下心行

하고　恭敬一切하여　遠離

迷執하여　覺知生般若하여

除却迷妄이니　卽自悟佛道

成하여　行誓願力이니라

것이니라.

무량한 법문을 맹세코 다 배운다 함은

위없는 바른 법을 배우는 것이며, 위없는

불도를 맹세코 이룬다 함은 항상 마음을

낮추는 행동으로 일체를 공경하며 미혹한

집착을 멀리 여의고 깨달아서 반야의 지

혜가 생기고 미망함을 없애는 것이니, 바

로 스스로 깨달아 불도를 이루어 맹세코

서원을 행하는 것이니라.」

五、無相懺悔 _{무상참회}

相을 여읜 진정한 참회

五、　無相(무상)懺*悔(참회)

今旣發四弘誓願訖하니　與(여)

善知識(선지식)으로　無相懺悔(무상참회)하여

滅三世罪障(멸삼세죄장)케　하리라　大(대)

師言(사언)하되　善知識(선지식)아　前念(전념)

後念及今念(후념급금념)이　念不被愚迷(염불피우미)

染(염)하여　從前惡行(종전악행)을　一時(일시)

永斷(영단)하여　自性(자성)에　若除(약제)하

면　卽是懺悔(즉시참회)요

五、　相(상)을 여읜 진정한 참회

『지금 이미 사홍서원(四弘誓願) 세우기
를 마쳤으니, 선지식들에게 모양이 없는
무상참회(無相懺悔)를 주어서 삼세의 죄
장을 없애게 하리라.』

대사가 말씀하시기를 『선지식들이여,
「과거의 생각과 미래의 생각과 현재의 생
각이 생각마다 우치와 미혹에 물들지 않
고, 지난 날의 나쁜 행동을 일시에 영원
히 끊어서 자기 성품에서 없애버리면 이

前念後念及今念이 念念(전념후념급금념 념념)

不被愚癡染하여 除却從前(불피우치염 제각종전)

矯誑心하라 永斷名爲自性(교광심 영단명위자성)

懺이요(참)

前念後念及今念이 念念不(전념후념급금념 념념불)

被疽妬染하여 除却從前疾(피달투염 제각종전질)

妬心하라 自性에 若除하(투심 자성 약제)

면 卽時懺이니라 (已上三唱)(즉시참 이상삼창)

것이 바로 참회니라.

과거의 생각과 미래의 생각과 현재의 생각이 생각마다 어리석음에 물들지 않고 지난 날의 거짓과 속이는 마음을 없애도록 할지니, 영원히 끊음을 이름하여 자성(自性)의 참회라고 하느니라.

과거의 생각과 미래의 생각과 현재의 생각이, 생각마다 질투에 물들지 않아서 지난 날의 질투하는 마음도 없애도록 할지니、 자기의 성품에서 없애버리면 이것이 곧 참회니라.」(이상 세 번 부름)

善知識아　何名懺悔오

懺者는　終身不作이요　悔

者는　知於前非니　惡業을

恒不離心하면　諸佛前에

口說無益이라　我此法門中

엔　永斷不作이　名爲懺悔

니라

『선지식들이여, 무엇을 이름하여 참회라고 하는가?

참(懺)이라고 하는 것은 종신토록 잘못을 짓지 않는 것이요, 회(悔)라고 하는 것은 과거의 잘못을 뉘우치는 것이니, 나쁜 죄업을 항상 마음에서 버리지 않으면 모든 부처님 앞에서 입으로만 말하여도 이익이 없나니, 나의 법문 가운데는 영원히 끊어서 짓지 않음을 이름하여 참회라 하느니라.』

今旣懺悔已하니 與善知識
으로 授無相三歸依戒케
하리라 大師言하되 善知
識아 歸依覺兩足尊하며
歸依正離欲尊하며 歸依淨
衆中尊하라 從今已後로는
稱佛爲師하여 更不歸依餘
邪迷外道하노니 願自性三
寶는 慈悲證明하라

『지금 이미 참회를 하였으니, 선지식들을 위하여 상(相)을 여읜 무상삼귀의계(無相三歸依戒)를 주리라.』 대사께서 말씀하셨다.

『선지식들이여, 「깨달음의 양족존께 귀의하오며, 바른 법의 이욕존께 귀의하오며, 청정한 중중존께 귀의합니다. 지금 이후로는 부처님을 스승으로 삼고 다시는 삿되고 미혹한 외도에게 귀의하지 않겠사오니, 바라옵건대 자성(自性)의 삼보께서는 자비로써 증명하소서」 할지니라.』

善知識아 惠能이 勸善知
識하여 歸依自性三寶하노
니 佛者는 覺也요 法者는
正也요 僧者는 淨也니라
自心이 歸依覺하여 邪迷
不生하며 少欲知足하여
離財離色이 名兩足尊이요
自心이 歸正하여 念念無
邪故로 卽無愛著이니 以
無愛著이 名離欲尊이요

『선지식들이여, 혜능이 선지식들에게 권하여 자성의 삼보에 귀의하게 하나니,

부처란 깨달음이요 법이란 바름이며 승이란 깨끗함이니라.

자기의 마음이 깨달음에 귀의하여 삿되고 미혹이 나지 않고 적은 욕심으로 넉넉한 줄을 알아 재물을 떠나고 색을 떠나는 것을 양족존이라고 하느니라. 자기의 마음이 바름으로 돌아가 생각마다 삿되지 않으므로 바로 애착이 없나니, 애착이 없는 것을 이욕존이라고 하느니라.

自心이 歸淨하여 一切塵勞로

妄念이 雖在自性이나 自

性이 不染著이 名衆中尊이

니라

凡夫는 不解하고 從日至

日하여 受三歸依戒하나니

若言歸佛인댄 佛在何處며

若不見佛하면 即無所歸니

言却是妄이니라

자기의 마음이 깨끗함으로 돌아가 모든 번

뇌와 망념이 비록 자성에 있어도 자성이

그에 물들지 않는 것을 중중존이라고 하느

니라.

범부는 이것을 알지 못하고 날마다 삼귀

의계를 받는다 하나, 만약 부처님께 귀의

한다고 하여도 부처가 어느 곳에 있으며,

만약 부처를 보지 못한다면 귀의할 곳이

없느니라. 이미 귀의할 곳이 없으면 그

말이란 도리어 허망될 뿐이니라.

善知識아 各自觀察하여

莫錯用意하라 經中에 只

卽言自歸依佛이요 不言歸

依他佛이니 自性에 不歸

하면 無所歸處니라

선지식들이여, 각기 스스로 관찰하여 그릇되게 마음을 쓰지 말지니, 경의 말씀 가운데 「오직 스스로의 부처님께 귀의한다」하였고 다른 부처에게 귀의한다고 말하지 않았으니, 자기의 성품(自性)에 귀의하지 아니하면 돌아갈 곳이 없느니라.」

註解

＊懺悔(참회)…참회는 스스로 범한 죄를 뉘우쳐 용서를 비는 佛敎道德(불교도덕)의 중요한 가르침이다. 참회에는 三種懺悔(삼종참회)와 三品懺悔(삼품참회)가 있다.

(一) 三種懺悔(삼종참회)… ① 作法懺(작법참)…규정된 作法(작법)에 따라 佛前(불전)이나 大衆(대중) 앞에 참회함. ② 取相懺(취상참)…선정을 닦아 참회의 생각을 하면서 불보살이 와서 정수리를 만져줌과 같은 瑞相(서상)을 얻어 罪(죄)를 멸하는 것. ③ 無生懺(무생참)…마음을 바로 하고 不生不滅(불생불멸)의 實相(실상)을 觀(관)하여 無明(무명)번뇌를 없애는 것.

(二) 三品懺悔(삼품참회)… 罪(죄)를 참회하는 세 가지 ① 上品懺悔(상품참회)…온 몸의 털구멍과 눈으로 피를 흘리는 참회. ② 中品懺悔(중품참회)…온 몸에서 땀이 나고 눈에서 피가 흐르는 참회. ③ 下品懺悔(하품참회)…온 몸에서 열이 나고 눈으로 눈물을 흘리는 참회.

＊自性淸淨心(자성청정심)…우리 本來(본래)의 마음은 純一淸淨(순일청정)하여 一切(일체)의 妄染(망염)을 떠났으므로 自性淸淨心(성청정심)이라 말하고 또 如來藏心(여래장심)이라 말함.

※ 自性禪(자성선)은 마음의 實相(실상)을 觀(관)하고 달리 밖으로 求(구)함이 없으므로 眞如(진여)禪(선) 또는 如來淸淨禪(여래청정선)이라고도 함. 【楞伽經(능가경)】 所說(소설) 四種禪(사종선)의 하나.

六、

說_설摩_마訶_하般_반若_야波_바羅_라蜜_밀

위없는 眞_진理_리를 說_설하다

六、 說摩訶 般若波羅蜜

今既自歸依三寶하니　惣各
各至心이라　與善知識으로
說摩訶般若波羅蜜法하리라
善知識아　雖念이나　不解
라　惠能與說하리니　各各
聽하라　摩訶般若波羅蜜者
는　西國梵語니　唐言에　大
智惠彼岸到라

六、 위없는 眞理를 說하다

『지금 이미 삼보에 스스로 귀의하여 모두들 지극한 마음이니, 선지식을 위하여 마하반야바라밀법을 설하리라. 선지식들이여, 비록 마하반야바라밀법을 생각은 하나 알지 못하므로 혜능이 설명하여 주리니, 각기 잘 들을지니라. 마하반야바라밀이란 서쪽 나라의 범어이니, 당나라 말로는 「큰 지혜로 저 언덕에 이른다」는 뜻이니라.』

此法은 須行이요 不在口
念이니 口念不行하면 如
幻如化요 修行者는 法身
과 與佛로 等也로다

何名摩訶오 摩訶者는 是
大니 心量이 廣大하여
猶如虛空하나 莫空心坐하
라 卽落無記空이니라
虛空이 能含日月星辰과
大地山河와 一切草木과

이 법은 모름지기 실행할 것이요, 입으로만 외우는 데 있지 않으니, 입으로 외우고 실행하지 않으면 꼭두각시와 허깨비와 같으나, 닦고 행하는 이는 법신과 부처와 같으니라.

어떤 것을 마하라고 하는가? 마하란 크다는 뜻이다. 마음이 한량없이 넓고 커서 허공과 같으나, 다만 빈 마음으로 앉아 있지 말지니, 바로 무기공(無記空)에 떨어지느니라.

허공은 능히 일월성신과 대지산하와 모

惡人善人과　惡法善法과

天堂地獄하여　盡在空中하

나니　世人性空도　亦復如

是니라

든 초목과 악한 사람과 착한 사람과 악한

법과 착한 법과 천당과 지옥을 그 안에

다 포함하고 있으니 세상 사람의 자성(自

性)이 빈 것도 또한 이와 같으니라.』

【註解】

般若波羅蜜(Prajñāpāramitā)… 般若를 智慧라 譯하여 度 또는 到彼岸이라 譯함. 諸法의 實相을 비추어 보는 智慧는 生死의 此岸을 度하여 解脫涅槃의 彼岸에 到하는 船筏이므로 이를 波羅蜜이라 함. 【智度論】十八에 『問曰云何名般若波羅蜜.』答曰諸菩薩從初發心求一切種智於其中間知諸法實相慧是般若波羅蜜.』

性含萬法^{성함만법}이　是大^{시대}니　萬法^{만법}

이　盡是自性^{진시자성}이라　見一切^{견일체}

人及非人^{인급비인}과　惡之與善^{악지여선}과　惡^악

法善法^{법선법}하되　盡皆不捨^{진개불사}하며

不可染著^{불가염착}하여　猶如虛空^{유여허공}하

여　名之爲大^{명지위대}니　此是摩訶^{차시마하}

行^행이라

迷人^{미인}은　口念^{구념}하고　智者^{지자}는

心行^{심행}하니라　又有迷人^{우유미인}하여

空心不思^{공심불사}를　名之爲大^{명지위대}하

니

此亦不是^{차역불시}로다

『자성이 만법을 포함하는 것이 바로 큰
것이며, 만법 모두가 다 자성인 것이다.
모든 사람과 사람 아닌 것과 악함과 착함
과 악한 법과 착한 법을 보되, 모두 다
버리지도 않고 그에 물들지도 아니하여
마치 허공과 같으므로 크다고 하나니, 이
것이 곧 큰 행위이니라.

미혹한 사람은 입으로 외우고 지혜 있는
이는 마음으로 행하느니라. 또한 미혹한 사
람은 마음을 비워 아예 생각하지 않는 것을
크다고 하나, 이도 또한 옳지 않으니라.

心量이 廣大어늘 不行하면 是小라 莫口空說하고 不修此行하라 非我弟子니라

何名般若오 般若는 是智惠니 一切時中에 念念不愚하여 常行智惠가 即名般若行이라

一念愚하면 即般若絶하고 一念智하면 即般若生이어늘 心中常愚하되 自

마음이 한량없이 넓고 크지마는 실행하지 않으면 바로 작은 것이니, 입으로만 빈 말을 하면서 큰 행을 닦지 않으면 나의 제자가 아니니라.

『어떤 것을 반야라고 하는가?

반야는 지혜이니, 어느 때나 생각마다 어리석지 않고 항상 지혜를 행하는 것을 바로 반야행이라 하느니라.

한 생각이 어리석으면 곧 반야가 끊기고 한 생각이 지혜로우면 바로 반야가 나거늘, 마음속은 항상 어리석으면서 나는

言我修_{언아수}로다

般若_{반야}는　無形相_{무형상}이니　智惠_{지혜}

性_성이　卽是_{즉시}라

何名波羅蜜_{하명바라밀}고　此是西國梵_{차시서국범}

音_음이니　言彼岸到_{언피안도}라

解義_{해의}하면　離生滅_{리생멸}이니　著_착

境_경하면　生滅起_{생멸기}하여　如水有_{여수유}

波浪_{파랑}하니　卽是於此岸_{즉시어차안}이요

離境_{리경}하면　無生滅_{무생멸}하여　如水_{여수}

承長流_{승장류}하니　故卽名到彼岸_{고즉명도피안}

일새　故名波羅蜜_{고명바라밀}이니라

닦는다」고 스스로 말함은 어리석음을 여

읠 수 없느니라.

반야는 형상이 없나니, 지혜의 성품이

바로 그것이니라.

어떤 것을 바라밀이라고 하는가?

이는 서쪽 나라(인도)의 범음(梵音)으

로서 「저 언덕에 이른다」는 뜻이니라.

뜻을 알면 생멸(生滅)을 여의나니, 경

계에 집착하면 생멸이 일어나서 물에 파

랑이 있음과 같으니, 이는 곧 이 언덕이

요, 경계를 떠나면 생멸이 없어서 물이

迷人_{미인}은 口念_{구념}하고 智者_{지자}는

心行_{심행}하나니　當念時有妄_{당념시유망}하

면 有妄_{유망}은 即非眞有_{즉비진유}요　念_염

念若行_{념약행}이　是名眞有_{시명진유}니라

悟此法者_{오차법자}는　悟般若法_{오반야법}이며

修般若行_{수반야행}이니　不修即凡_{불수즉범}이

요　一念修行_{일념수행}하면　法身_{법신}과

等佛_{등불}이니라

『미혹한 사람은 입으로 외우고 지혜로운

이는 마음으로 행하나니, 생각할 때 망상

이 있으면 그 망상이 있는 것은 곧 진실

로 있는 것이 아니며, 생각생각마다 행한

다면 이것을 진실이 있다고 하느니라.

이러한 법을 깨달은 이는 반야의 법을

깨달은 것이며 반야의 행을 닦는 것이니

라. 닦지 않으면 곧 범부요 한 생각 수행

끊이지 않고 흐름과 같으니, 바로 저 언

덕(彼岸_{피안})에 이른다고 이름하며, 그러므로

바라밀이라고 이름하느니라.』

善知識아　即煩惱是菩提니

捉前念이　迷卽凡이요　後

念이　悟卽佛이니라

善知識아　摩訶般若波羅蜜

은、　最尊最上第一이라　無

住無去無來하여　三世諸佛

이　從中出하여　將大智惠

到彼岸하여　打破五陰煩惱

塵勞하니　最尊最上第一이

니라

하면 법신과 부처와 같으니라.

선지식들이여, 번뇌가 바로 보리이니,

앞생각을 붙들어 미혹하면 곧 범부요 뒷

생각에 깨달으면 바로 부처이니라.

선지식들이여, 마하반야바라밀은 가장

높고 가장 으뜸이며 제일이라, 머무름도

없고 가고 옴도 없으며, 삼세의 모든 부

처님이 다 이 가운데로부터 나와 큰 지혜

로써 저 언덕(彼岸)에 이르러 오음의 번

뇌와 진로를 타파하나니, 가장 높고 가장

으뜸이며 제일이니라.

讚最上하여 最上乘法을

修行하면 定成佛하여 無

去無住無來往하나니 是는

定惠等하여 不染一切法일

새 三世諸佛이 從中變三

毒하여 爲戒定惠니라

가장 으뜸임을 찬탄하여 최상승법을 수
행하면 결정코 성불하여, 가는 것도 없고
머무름도 없으며 오는 것 또한 없나니,
이는 정과 혜가 함께 하여 일체법에 물들
지 않음이며, 삼세의 모든 부처님이 이
가운데서 삼독을 변하게 하여 계·정·혜
로 삼느니라.」

註解

* 最尊最上最第一法… 一切諸法의 實相을 비추어 보는 般若의 智惠 곧 般若波羅
蜜을 찬탄하는 말.

善知識아　我此法門은　從

八萬四千智惠하나니　何以

故오　爲世有八萬四千塵勞

니　若無塵勞면　般若常在

하여　不離自性하나니라　悟

此法者는　即是無念이라

無憶無著하여　莫起誑妄하

면　即自是眞如性이라

用智惠觀照하여　於一切法

에　不取不捨하나니　即見

性成佛道니라

『선지식들이여, 나의 이 법문은 팔만사천의 지혜를 따르느니라. 무엇 때문인가? 세상에 팔만사천의 진로가 있기 때문이다. 만약 진로가 없으면 반야가 항상 있어서 자성을 떠나지 않느니라. 이 법을 깨달은 이는 곧 무념이며, 기억과 집착이 없어서 거짓되고 허망함을 일으키지 않나니, 이것이 곧 진여의 성품이니라. 지혜로써 보고 비추어 모든 법을 취하지도 아니하고 버리지도 않나니, 곧 자성을 보아 불도(佛道)를 이루느니라.』

善知識아　若欲入甚深法界
하며　入般若三昧者는　直
니라

即得見性하여　入般若三昧
金剛般若波羅蜜經一卷하면
修般若波羅蜜行이니　但持
當知此人功德은　無量하여
經中에　分明讚嘆하니　不
能具說이니라　此是最上乘
法이니　爲大智上根人說이
라

『선지식들이여, 만약 깊은 법의 세계에 들고자 하고 반야삼매에 들어가고자 하는 사람은 바르게 반야바라밀의 행을 닦을 것이며 오로지 《금강반야바라밀경》 한 권만 지니고 수행하면 바로 자성을 보아 반야삼매에 들어가느니라.

이 사람의 공덕이 한량없음을 마땅히 알아야 할지니, 경에서 분명히 찬탄하였으니, 능히 다 갖추어 설명하지 못하느니라. 이것은 최상승법으로서 큰 지혜와 높은 근기의 사람을 위하여 설법한 것이니,

小根智人은　若聞此法하면

心不生信하나니　何以故오

譬如大龍이　若下大雨하여

雨於閻浮提하면　如漂草葉

이요　若下大雨하여　雨於

大海하면　不增不減이니라

若大乘者는　聞說金剛經하

고　心開悟解라　故知本性

이　自有般若之智하여　自

用智惠觀照하고　不假文字

만약 근기와 지혜가 작은 사람이 이 법을 들으면 마음에 믿음이 나지 않나니, 무엇 때문인가?

비유하면 마치 큰 용이 큰 비를 내리는 것과 같아서 염부제에 비가 내리면 풀잎이 떠내려가고 큰 비가 큰 바다에 내리면 불지도 않고 줄지도 않는 것과 같으니라.

대승의 사람은 【금강경】 설하는 것을 들으면 마음이 열려 깨달아 아니니, 그것은 본래 성품이 스스로 반야의 지혜를 지니고 있어서 스스로의 지혜로써 보고 비

하나니

譬如其雨水不從天有라　元

是龍王이　於江海中에　將

身引此水하여　令一切衆生

과　一切草木과　一切有情

無情으로　悉皆蒙潤하여

諸水衆流가　却入大海하여

海納衆水하여　合爲一體니

衆生本性般若之智도　亦復

如是니라

추어서 문자를 빌리지 않느니라.

비유하건대, 그 빗물이 하늘에 있는 것

이 아님과 같으니, 원래 용왕이 강과 바

다 가운데서 이 물을 몸으로 이끌어 모든

중생과 모든 초목과 모든 유정·무정을

다 윤택하게 하고, 그 모든 물의 여러 흐

름이 다시 큰 바다에 들어가서 바다는 모

든 물을 받아들여 한 몸으로 합쳐지는 것

과 같아서, 중생의 본래 성품인 반야의

지혜도 또한 이와 같으니라.」

七、頓教說法
돈교설법

단번에 깨닫는 가르침

七、頓教說法

小根之人은 聞說此頓敎하

면 猶如大地草木根性自小

者는 若被大雨一沃하면

悉皆自倒하여 不能增長이

라 小根之人도 亦復如是

하나 有般若之智는 與大

智之人으로 亦無差別이어

늘 因何聞法卽不悟오 緣

邪見障重하고 煩惱根深하

七、단번에 깨닫는 가르침

『근기가 작은 사람은 단박에 깨닫는 이

가르침을 들으면, 마치 뿌리가 작은 대지

의 초목이 큰 비를 맞고 모두 다 저절로

거꾸러져서 자라지 못함과 같나니, 작은

근기의 사람도 또한 이와 같으니라.

반야의 지혜가 있는 점은 큰 지혜를 가

진 사람과 차별이 없거늘, 무슨 까닭으로

법을 듣고도 바로 깨닫지를 못하는가?

삿된 소견의 장애가 무겁고 번뇌의 뿌

여 猶如大雲이　蓋覆於日

하여　不得風吹하면　日無

能現이니　般若之智도　亦

無大小로되　爲一切衆生이

自有迷心하여　外修覓佛하

고　未悟自性이니　即是小

根人이라도　聞其頓教하고

不信外修하여　但於自心에

令自本性으로　常起正見하

면

리가 깊기 때문이니라. 마치 큰 구름이 해를 가려 바람이 불지 않으면 해가 능히 나타나지 못하는 것과 같나니, 반야의 지혜도 또한 크고 작음이 없으나 모든 중생이 스스로 미혹한 마음이 있어서 밖으로 닦아 부처를 찾으므로 자기의 성품을 깨닫지 못하느니라. 그러나 이와 같이 근기가 작은 사람이라도 단박에 깨닫는 가르침을 듣고 밖으로 닦는 것을 믿지 아니하고, 오직 자기의 마음에서 자기의 본성으로 하여금 항상 바른 견해를 일으키면,

煩惱塵勞衆生이　當時盡悟하여　猶如大海納於衆流하여　小水大水合爲一體라

卽是見性하면　內外不住하며　來去自由하여　能除執心하여　通達無碍하나니　心修此行하면　卽與般若波羅蜜經으로　本無差別하니라

번뇌 · 진로의 중생이 모두 다 당장에 깨닫게 되나니, 마치 큰 바다가 모든 물의 흐름을 받아들여서 작은 물과 큰 물이 합하여 한 몸이 되는 것과 같으니라.

바로 자성을 보면 안팎에 머물지 아니하며 오고 감에 자유로워 집착하는 마음을 능히 없애고 통달하여 거리낌이 없나니, 마음으로 이런 행을 닦으면 바로 〈반야바라밀경〉과 더불어 본래 차별이 없느니라.」

一切經書及文字와　小大乘

十二部經이　皆因人置

因智惠性故로　能建立

이라

我若無하면　智人과　一切

萬法이　本無不有니　故知

萬法이　本因人興이요　一

切經書因人說有니　緣在人

中有愚有智라　愚爲小故로

智爲大人이니라

『모든 경서 및 문자와 소승과 대승과

십이부의 경전이 다 사람으로 말미암아

있게 되었나니, 지혜의 성품으로 말미암

아 능히 세운 것이니라.

만약 나(我)가 없다면 지혜 있는 사람

과 모든 만법이 본래 없을 것이니, 그러

므로 만법이 본래 사람으로 말미암아 일

어난 것이요, 일체 경서가 사람으로 인하

여 있음을 말한 것임을 알아야 하느니라.

사람 가운데는 어리석은 이도 있고 지

혜로운 이도 있기 때문에 어리석으면 작

迷人問於智者하고　智人이

與愚人說法하여　令使愚者

로　悟解心開하나니　迷人

이　若悟心開하면　與大智

人無別이라

故知　不悟하면　卽佛是衆

生이요　一念若悟하면　卽

衆生是佛이니라

은 사람이 되고 지혜로우면 큰 사람이 되

느니라.

미혹한 사람은 지혜 있는 이에게 묻고

지혜 있는 사람은 어리석은 사람을 위하

여 법을 설하여 어리석은 이로 하여금 깨

우쳐서 알고 마음이 열리게 하나니, 미혹

한 사람이 만약 깨달아서 마음이 열리면

큰 지혜 가진 사람과 차별이 없느니라.

그러므로 알아야 할지니, 깨닫지 못하

면 부처가 곧 중생이요 한 생각 깨달으면

중생이 바로 부처니라.

故_고知_지一_일切_체萬_만法_법이 盡_진在_재自_자身_신

心_심中_중하니

何_하不_불從_종於_어自_자心_심하여 頓_돈現_현眞_진

如_여本_본性_성고

*菩_보薩_살戒_계經_경에 云_운我_아本_본源_원自_자

性_성이 淸_청淨_정이라 하니 識_식

心_심見_견性_성하면 自_자成_성佛_불道_도니라

即_즉時_시豁_활然_연하여 還_환得_득本_본心_심이

로다

그러므로 모든 만법이 다 자기의 몸과

마음 가운데 있음을 알아야 하느니라.

그러함에도 어찌하여 자기의 마음을 좇

아서 진여의 본성을 단박에 나타내지를

못하는가?

【보살계경】에 말씀하기를 「나의 본래

근원인 자성이 청정하다」고 하였나니, 마

음을 깨달아 자성(自性)을 보면 스스로

불도(佛道)를 성취하는 것이니, 당장 활

연히 깨달아서 본래의 마음을 도로 찾아

야 하느니라.」

善知識아 我於忍和尙處에

一聞하고 言下에 大悟하

여 頓見眞如本性이라 是

故將此敎法하여 流行後代

하고 令學道者로 頓悟菩

提하여 各自觀心하고 令

自本性을 頓悟케 하니라

若不能自悟者는 須覓大善

知識示導로 見性이니라

何名大善知識고

『선지식들이여、 나는 홍인화상의 처소에

서 한 번 듣고 그 말 끝에 크게 깨달아 진

여의 본래 성품을 단박에 보았느니라. 그

러므로 이 가르침의 법을 뒷세상에 유통시

켜 도를 배우는 이로 하여금 보리를 단박

에 깨달아서 각기 스스로 마음을 보아 자

기 성품을 단박 깨닫게 하는 것이니라.

만약 능히 스스로 깨닫지 못하는 이는

모름지기 큰 선지식을 찾아서 지도를 받

아 자성을 볼 것이니라.

어떤 것을 큰 선지식이라 하는가?

解最上乘法이 直示正路가 是大善知識이며 是大因緣이라 所謂化導令得見佛이니 切善法이 皆因大善知識能發起라 故三世諸佛과 十二部經이 云在人性中하여 本自具有로되 不能自性悟하면 須得善知識示導하여 見性이니라

최상승법을 깨달아 바르게 바른 길을 올바르게 가리키는 것이 바로 큰 선지식이며 또한 바로 큰 인연이니라.

이른바, 교화하고 지도하여 부처를 보게 하는 것이니, 모든 착한 법이 다 큰 선지식으로 말미암아 능히 일어나느니라.

그러므로 삼세의 모든 부처와 십이부의 경전들이 사람의 성품 가운데 본래부터 스스로 갖추어져 있다고 할지라도, 능히 자성을 깨닫지 못하면 모름지기 선지식의 지도를 받아서 자성을 볼지니라.

若自悟者는 不假外善知識이니 若取外求善知識하여 望得解脫하면 無有是處요 識自心內善知識하면 即得解脫이니라 若自心이 邪迷하여 妄念顚倒하여 外善知識이 即有敎授라도 不得自悟어든 當起般若觀*照하면 刹那間에 妄念俱滅하여 即是自眞正善知識이라 一悟卽知佛也니라

만약 스스로 깨달은 이는 밖으로 선지식에 의지하지 않으며 밖으로 선지식을 구하여 해탈 얻기를 바란다면 옳지 않나니, 자기 마음 속의 선지식을 알면 바로 해탈을 얻느니라. 만약 자기 마음이 삿되고 미혹하여 망념으로 전도되면 밖의 선지식이 가르쳐 준다 하여도 스스로 깨닫지 못할 것이니, 마땅히 반야의 관조(觀照)를 일으켜야 하나니, 잠깐 사이에 망념이 다 없어지면 이것이 바로 자기의 참 선지식이며, 한번 깨달음에 곧 부처를 아느니라.」

註解

* 十二部經…大小乘의 經典을 形式에 依하여 十二種으로 나눈 것. 여기서는 모든 經典이란 뜻.

* 不悟卽佛是衆生 一念若悟卽衆生是佛… 一切萬法의 根源이 本來 淸淨하여 一味 平等하기 때문에 원래 凡夫와 聖人의 差別이 없고 迷悟를 超越하였으니, 自性을 깨닫지 못하면 부처가 곧 衆生이요 한 생각 깨달으면 중생이 바로 부처이다.

* 菩薩戒經…【梵網經】을 말함. 天台大師가 말하기를 『是法戒는 三世一切의 衆生이 頂戴受持하며, 衆生戒의 本源이며 自性淸淨이라』하였음.

* 大善知識…最上乘法인 自性眞如를 가르쳐 見性悟道케 하는 지도자를 말함.

* 是善知識是大因緣…善知識의 敎化로 말미암아 無上道인 阿耨多羅三藐三菩提를 깨닫게 되니 善知識을 만나게 됨은 큰 因緣이라는 뜻임.

* 觀照…眞如佛性을 비추어 보아 밝게 아는 것.

自性心地가　以智惠觀照하
여　內外明徹하면　識自本
心이요　若識本心하면　卽
是解脫이요　旣得解脫하면
卽是般若三昧요　悟般若三
昧하면　卽是無念이니　何
名無念고　無念法者는　見
一切法하되　不著一切法하
며　遍一切處하되　不著一
切處하고　常淨自性하여
使六賊으로　從六門走出하

『자성(自性)의 마음자리가 지혜로써 관조하여 안팎이 사무쳐 밝으면 자기의 본래 마음을 알고, 만약 본래 마음을 알면 곧바로 해탈이며, 이미 해탈을 얻으면 곧바로 반야삼매며, 반야삼매를 깨달으면 곧바로 무념이니라. 어떤 것을 무념이라고 하는가? 무념이란 모든 법을 보되 모든 법에 집착하지 않으며, 모든 곳에 두루하되 모든 곳에 집착하지 않고 항상 자기의 성품을 깨끗이 하여 여섯 도적(色·聲·香·味·觸·

여 於六塵中에 不離不染하여 來去自由가 即是般若三昧며 自在解脫이니 名無念行이니라

莫百物不思하여 常令念絶하라 即是法縛이니 即名邊見이니라

悟無念法者는 萬法盡通하

法)들로 하여금 여섯 문(眼·耳·鼻·舌·身·意)으로 달려나가게 하나 육진(六塵)속을 떠나지 않고 물들지도 않아서 오고 감에 자유로운 것이니, 이것이 곧 반야삼매이며 자재해탈로서, 무념행이라고 이름하느니라.

온갖 사물을 생각하지 않음으로써 항상 생각이 끊어지도록 하지 말지니, 이는 곧 법에 묶임(法縛)이니 곧 변견(邊見)이라고 하느니라.

무념법을 깨달은 이는 만법에 다 통달

며 悟無念法者는 見諸佛

境界하며 悟無念頓法者는

至佛位地니라

善知識아 後代에 得吾法

者는 常見吾法身이 不離

汝左右리라 善知識아 將

此頓教法門하여 同見同行

하여 發願受持하되 如事

佛故로 終身受持而不退者

는 欲入聖位니라

하고、 무념법을 깨달은 이는 모든 부처의

경계를 보며、 무념의 돈법을 깨달은 이는

부처의 지위에 이르느니라。

『선지식들이여、 뒷세상에 나의 법을 얻

는 이는 항상 나의 법신이 그대의 좌우를

떠나지 않음을 보리라。 선지식들이여、 이

돈교의 법문을 가지고 같이 보고 같이 행

하여 소원을 세우고 받아 지니되 부처님

섬기듯이 하고 종신토록 받아 지녀 물러

나지 않는 사람은 성인의 지위에 들어가

고자 하느니라。

然須傳受時에 從上已來로

嘿然而付於法하여 發大誓

願하여 不退菩提하면 卽

須分付니라

若不同見解커나 無有志願

하면 在在處處에 勿妄宣

傳하여 損彼前人하라 究

竟無益이니라 若遇人不解

하여 謗此法門하면 百劫

萬劫千生에 斷佛種性이니

라

그러나 전하고 받을 때에는 모름지기

옛부터 말없이 법을 부촉하여 큰 서원을

세우고 보리에서 물러나지 않았나니, 바

로 모름지기 법을 부촉한 것이니라.

만약 견해가 같지 않거나 뜻과 서원이

없다면 곳곳마다 망령되게 선전하여 앞사

람을 손상하게 하지 말지니, 끝내 이익됨

이 없느니라. 만약 만나는 사람이 알아듣

지 못하여 이 법문을 소홀히 하면 백겁만

겁 천생토록 부처의 종자를 끊게 되느니

라."

註解

* 無念무념…모든 번뇌를 여의고 般若三昧반야삼매를 이룬 경계이며 一切法일체법에 있어서 마음에 집착이 없는 깨달은 상태. 豁然활연히 깨달아 本心본심을 회복하면 떠나야 할 念염이 없음을 말함.

* 莫百物不思常令念絕막백물불사상령념절…本性본성을 아직 깨닫지 못한 상태에서 짐짓 생각을 일으키지 않고 끊으려 함은 心源심원을 비추어 볼 수 없으며 이를 無記무기라 함.

* 法縛법박…自性자성을 깨닫지 못하고 어느 修行法수행법에 執着집착하여 구속됨을 말함.

* 邊見변견…내 몸이 있다고 我見아견을 일으킨 뒤에 내가 死後사후에도 항상 있다(常見상견)든 가, 아주 없어진다든가(斷見단견), 어느 편에 치우친 견해. 또는 일반적으로 모든

* 佛種性불종성…佛性불성·如來性여래성·法性법성·覺性각성이라고도 함. 煩惱번뇌에 가리우면 나타나지 못 하고 煩惱번뇌가 滅멸하면 佛性불성이 顯現현현한다.

大師言ᄒ되 善知識아 聽ᄒ라

吾說無相頌ᄒ라 令汝迷者*

罪滅할새 亦名滅罪頌이니

라

頌曰

愚人은 修福不修道ᄒ고

謂言修福이 而是道ᄒ니

布施供養福無邊이나

心中三業元來在로다

대사께서 말씀하셨다.

『선지식들이여, 나의 [모양을 여읜 게송(無相頌)]을 들을지니, 그대들 미혹한 사람들의 죄를 없앨 것이니 또한 [죄를 없애는 게송(滅罪頌)]이라고 하느니라. 게송에 말씀하셨다.

어리석은 사람은 복은 닦고 도는 닦지 않으면서

복을 닦음이 곧 도라고 말한다.

보시 공양하는 복이 끝이 없으나

마음 속 삼업은 원래대로 남아 있도다.

若_약將_장修_수福_복欲_욕滅_멸罪_죄인댄

後_후世_세得_득福_복罪_죄無_무造_조리오

若_약解_해向_향心_심除_제罪_죄緣_연하면

各_각自_자性_성中_중眞_진懺_참悔_회로다

若_약悟_오大_대乘_승眞_진懺_참悔_회하면

除_제邪_사行_행正_정造_조無_무罪_죄라

學_학道_도之_지人_인이 能_능自_{*자}觀_관하면

卽_즉與_여悟_오人_인同_동一_일例_례로다

大_대師_사令_령傳_전此_차頓_돈教_교하여

願_원學_학之_지人_인同_동一_일體_체하니

만약 복을 닦아 죄를 없애고자 하여도 뒷

세상에 복은 얻으나 죄는 어쩔 수 없느니라.

만약 마음 속의 죄의 인연 없앰을 안다면

저마다 자기 성품 속의 참된 참회이니라.

만약 대승의 참된 참회를 깨달으면 삿됨

을 없애고 바름을 행하여 죄 없어지리.

도를 배우는 사람이 자성(自性)을 관찰하면

바로 깨달은 사람과 더불어 서로 같으니라.

대사(五祖大師)께서 단번에 깨닫는 이

가르침 전하심은 배우는 사람이 같은 한

몸 되기를 바라서니라.

若欲當來覓本身인댄
*三毒惡緣心中洗하라
努力修道莫悠悠어다
忽然虛度一世休니
若遇大乘頓教法이어든
虔誠合掌志心求하라
大師說法了한대 韋使君官
僚와 僧衆道俗이 讚言無
盡하여 昔所未聞이러라

만약 장차 본래의 몸을 찾고자 하면 삼
독의 나쁜 인연 마음에서 씻어 없애라.
힘써 도를 닦되 한가로이 지내지 말며
어느덧 한 세상 헛되이 끝나 버리리라.
만약 단번에 깨닫는 대승법을 만났거든
정성껏 합장하고 지극한 마음으로 구하
여라.』
대사께서 법을 설하여 마치시니, 위사
군과 관료와 스님들과 도사들과 속인들의
찬탄하는 말이 끊이지 않고 『일찍이 듣지
못한 일이다』라고 하였다.

（註解）

* 迷罪미죄… 모든 事物사물과 道理도리에 대하여 眞如法진여법대로 깨닫지 못하고 自己見解자기견해에 집착 한 罪죄.

* 自觀자관… 自性觀자성관… 自己자기의 本來面目본래면목인 眞如佛性진여불성을 스스로 觀照관조하는 것.

* 三惡삼악… 衆生중생이 自己자기 惡行악행의 果報과보로 받는 地獄지옥·餓鬼아귀·畜生축생의 三道삼도. 三惡趣삼악취라 고도 함.

八、釋功德淨土

석공덕정토

참공덕과 극락세계를 밝히다

八、 釋功德淨土(석공덕정토)

使君(사군)이　禮拜(예배)하고　自言(자언)하
되　和尚說法(화상설법)은　實不思議(실부사의)
로다　弟子嘗有少疑(제자상유소의)하여
欲問和尚(욕문화상)하노니　望和尚(망화상)은
大慈大悲(대자대비)로　爲弟子說(위제자설)하소
서
大師言(대사언)하되　有疑即問(유의즉문)이
니　何須再三(하수재삼)가

八、 참공덕과 극락세계를 밝히다

위사군이 예배하고 스스로 말하였다.

『대사께서 법을 설하심은 참으로 부사의하십니다. 제가 일찍이 조그마한 의심이 있어서 대사께 여쭙고자 하오니, 바라건대 대사께서는 대자대비로 제자를 위하여 말씀하여 주소서.』

육조대사께서 말씀하셨다.

『의심이 있거든 물을지니, 어찌 두 번 세 번 물을 필요가 있겠는가.』

使君問하되　可不是西國第
一祖達磨祖師宗旨닛고
大師言是라　弟子見說하니
達磨大師化梁武帝할새　問
達磨하되　朕이　一生已來
로　造寺布施供養하니　有
功德否아
達磨答言하되　竝無功德이

위사군이 물었다.

『대사께서 설하신 법은 서쪽 나라에서 오

신 제일조 달마 조사의 종지가 아닙니까?』

대사께서 말씀하셨다.

『그렇다.』

『제자가 든자오니 달마대사께서 양무제

를 교화하실 때, 양무제가 달마대사께 묻

기를 「짐이 한평생 동안 절을 짓고 보시

를 하며 공양을 올렸는데 공덕이 있습니

까?」라고 하자,

달마대사께서 「전혀 공덕이 없습니다」라고

니라 武帝무제추창 惆悵하여 遂遣수견

達磨달마하여 出境출경이라 하니

未審미심차언 此言을 請和尚說청화상설하소

서

六祖육조언 言하되 實無功德실무공덕이

니 使君사군아 勿疑達磨大師물의달마대사이

言하라 武帝著邪道무제착사도하여

不識正法불식정법이니라

和尚화상이 言언하되 造寺布施조사보시고

使君사군이 問문 何以無功德하이부공덕고

대답하시니, 양무제는 불쾌하게 여겨 마침내 달마대사를 나라 밖으로 내보내었다고 하는데 이 말을 잘 알지 못하겠습니다. 청하온데 대사께서는 말씀해 주십시오.」

육조대사께서 말씀하셨다.

『참으로 공덕이 없나니, 사군은 달마대사의 말씀을 의심하지 말지니, 양무제가 삿된 길에 집착하여 바른 법을 모르는 것이니라.』

위사군이 물었다.

『어찌하여 공덕이 없습니까?」

供養(공양)은 只是修福(지시수복)이라 不(불)

可將福(가장복)하여 以爲功德(이위공덕)이니

功德(공덕)은 在法身(재법신)이요 非在(비재)

於福田(어복전)이라

自法性(자법성)이 有功德(유공덕)하니 見(견)

性(성)이 是功(시공)이요 平直是德(평직시덕)

이라 內見佛性(내견불성)하고 外行(외행)

恭敬(공경)하라

若輕一切人(약경일체인)하여 吾我不斷(오아부단)

하면 卽自無功德(즉자무공덕)이니 自(자)

육조대사가 말씀하셨다.

『절을 짓고 보시하며 공양을 올리는 것은 다만 복을 닦는 것이니, 복을 공덕이라고 하지는 말아야 하며, 공덕은 법신에 있고 복밭에 있지 않으니라.

자기의 법성(法性)에 공덕이 있나니, 견성(見性)이 곧 공(功)이요, 평등하고 곧음이 곧 덕(德)이니라.

안으로 불성(佛性)을 보고 밖으로는 공경할지니, 만약 사람들을 경멸하고 아상(我相)을 끊지 못하면 곧 스스로 공덕이

性虛妄하야　法身이　無功德이니라

念念德行하여　平等直心하면　德即不輕이니　常行於敬하여　自修身이　即功이요　自修心이　即德이니라

功德은　自心作이니　福與功德別이어늘　武帝不識正理요　非祖大師有過니라

없고 자성은 허망하여 법신에 공덕이 없느니라.

생각마다 덕을 행하고 마음이 평등하여 곧으면 공덕이 곧 가볍지 않으니라. 그러므로 항상 남을 공경하고 스스로 몸을 닦는 것이 곧 공이요, 스스로 마음을 닦는 것이 곧 덕이니라.

공덕은 자기의 마음으로 짓는 것이니, 이같이 복과 공덕이 다르거늘 무제가 바른 이치를 알지 못한 것이요, 달마대사께 허물이 있는 것이 아니니라.」

* 梁武帝(464~549)…中國 南朝 第一代의 皇帝。姓은 蕭、名은 衍、治世는 거의 五十年。當時 善慧大士(傅大士)와 寶誌 등과 佛法을 깊이 信仰하여 皇帝大菩薩・佛心天子라 稱하여짐。戒律을 잘 지키고 많은 著述을 하며 수많은 佛事를 勵行하여 南朝佛教의 極盛時代를 이루었다。때로는 帝 스스로 寺院의 奴隷가 되어 奉仕捨身行을 감행하기도 하였다。

* 福田…마땅히 공양할 대상에 대하여 이를 供養하면 能히 모든 福報를 받는데、마치 農夫가 田畓에 播種하여 秋收의 利가 있음과 같다。【梵網經】에 八福田의 名目이 有함。八福田者 (一)佛、(二)聖人、(三)和尚、(四)阿闍梨(教授師)、(五)僧、(六)父、(七)母、(八)病人、그 중 佛・聖人과 僧과를 敬田이라 하고、和尚、阿闍梨、父母를 恩田이라 하고、病人을 悲田이라 함。만약 사람이 此八福田에 대하여 能히 恭敬供養慈愍惠施하면 能히 無量의 福果를 生함으로 福田이라 名함。

使君_{사군}이 禮拜_{예배}하고 又問_{우문}하
되 弟子_{제자}見_견僧_승道俗_{도속}이 常_상念_념*
阿彌陀佛_{아미타불}하여 願往生_{원왕생}西方_{서방}
하니 請和尙_{청화상}은 說_설하소서
得生彼否_{득생피부}아 望爲破疑_{망위파의}하소
서
大師言_{대사언}하되 使君_{사군}아 聽_청하
라 惠能與說_{혜능여설}하리라 世尊_{세존}
이 在舍衛國_{재사위국}하여 說西方_{설서방}
引化_{인화}하여
經文_{경문}에 分明去此不遠_{분명거차불원}이라

위사군이 예배하고 또 물었다.

『제자가 보오니 스님과 도사들과 속인들

이 항상 아미타불을 생각하면서 서쪽 나라

에 가서 나기를 바랍니다. 청하온데 대사께

서는 말씀해 주십시오. 저기에 날 수가 있

습니까? 바라건대 의심을 풀어 주소서.』

대사께서 말씀하셨다.

『사군은 들을지니, 혜능이 말하여 주리라.

세존께서 사위국에 계시면서 서방정토에

로 인도하여 교화하는 말씀을 하셨느니라.

경에 분명히 말씀하기를 「여기서 멀지

하니 只爲下根(지위하근)하여 說遠(설원)하
고 說近(설근)은 只緣上智(지연상지)니라
人自兩種(인자양종)이요 法無不同(법무부동)이
라 迷悟有殊(미오유수)하여 見有遲(견유지)
疾(질)하여 迷人(미인)은 念佛生彼(염불생피)
하고 悟者(오자)는 自淨其心(자정기심)이
니 所以佛言(소이불언)하시되 隨其(수기)*
心淨(심정)하여 則佛土淨(즉불토정)이라
하니라

않다」고 하였나니, 다만 낮은 근기의 사람을 위하여 멀다 하고, 가깝다고 말하는 것은 다만 지혜가 높은 사람 때문이니라. 사람에는 자연히 두 가지가 있으나 법은 그렇지 않나니, 미혹함과 깨달음이 달라서 견해에 더디고 빠름이 있을 뿐이니라. 미혹한 사람은 염불하여 저 곳에 나려고 하지마는 깨달은 사람은 스스로 그 마음을 깨끗이 하느니라. 그러므로 부처님께서 「그 마음이 깨끗함을 따라서 부처의 땅(淨土)도 깨끗하다」고 말씀하셨느니라.

使君아 東方도 但淨心하면 無罪요 西方도 心不淨하면 有愆하여 迷人은 願生하나 東方西方은 所在處竝皆一種이니라 心但無不淨하면 西方이 去此不遠이요 心起不淨之心하면 念佛往生難到니라

사군이여, 동쪽 사람일지라도 다만 마음이 깨끗하면 죄가 없고, 서쪽 사람일지라도 마음이 깨끗하지 않으면 허물이 있느니라. 미혹한 사람은 가서 나기를 원하나 동방이든 서방이든 사람이 있는 곳으로는 다 한 가지니라. 다만 마음에 깨끗하지 않음이 없으면 서방정토(西方淨土)가 여기서 멀지 않고, 마음에 깨끗하지 않은 생각이 일어나면 염불하여 왕생하고자 하여도 이르기 어려우니라.

除十惡하면　卽行十萬이
요　無八邪하면　卽過八千
이니　但行直心하면　到如
彈指니라　使君아　但行十
善하면　何須更願往生이며
不斷十惡之心하면　何佛이
卽來迎請이리오

若悟無生頓法하면　見西
方이　只在刹那요　不悟頓
敎大乘하면　念佛하여도

십악(十惡)을 제거하면 바로 십만 리를 가고 팔사(八邪)가 없으면 바로 팔천 리를 지난 것이니, 다만 곧은 마음을 행하면 도달하는 것은 손가락 퉁기는 것과 같으니라. 사군이여, 다만 십선(十善)을 행할지니, 어찌 모름지기 짐짓 왕생하기를 바랄 것인가. 십악(十惡)의 마음을 끊지 못하면 어느 부처가 와서 맞이하겠는가.

만약 생사(生死)를 여읜 돈법(頓法)을 깨달으면 서방정토를 찰나에 볼 것이요, 돈교의 큰 가르침을 깨닫지 못하면 염불

往生路遙니 如何得達고

을 하여도 왕생할 길이 멀거니, 어떻게
도달하겠는가.」

註解

* 常念阿彌陀佛… 行住坐臥의 語默動靜에 間斷없이 阿彌陀佛을 念하여 西方淨土 極樂世界에 往生한다는 가르침. 阿彌陀佛은 바로 眞如佛性의 生命的 表現이니 極樂世界에 가서 태어난다(往生)는 것은 佛性을 깨닫고 成佛한다는 뜻과 동일함.

四祖大師 道信(580~651)스님의 《入道安心要方便法門》에 『一行三昧…(一)切存在가 한결같이 眞如佛性임을 깨닫는 명상)는 오로지 佛性에 매어서(繫) 다만 부처님의 名號(이름)를 외우되, 능히 一佛에 念念相續하면 그 功德으로 一切諸佛法界를 깨달을 수 있다」고 하였음. 또 《大品般若經》에 『念佛卽念心이라. 마음을 求하는 것은 바로 佛을 求하는 것이다. 마음은 모양이 없는 것이고 佛性도 모양이 없는 것이니 이 道理를 깨달으면 바로 安心인 것이다.』하여 이른바 [安心法門]을 說하였다.

註解

* 隨其心淨則佛土淨…【維摩經】[佛國品]에 있으며, 宇宙法界가 本來로 清淨世界이기 때문에 마음이 清淨하면 바로 淨土요 마음이 不淨하면 바로 穢土가 됨.

* 十惡…殺生·偸盗·邪婬·妄語·兩舌·惡口·綺語·貪欲·瞋恚·愚癡.

* 八邪…八正道의 反對로서 邪見·邪思惟·邪語·邪業·邪命·邪方便(邪精進)·邪念·邪定.

※ 여기서는 淨土는 밖에서 求하는 것이 아니고 心身中의 十惡八邪를 排除한 곳이 바로 淨土라 하였음.

* 十善…十善道 또는 十善戒라고도 함. 身·口·意로 十惡을 犯하지 않는 制戒. 不殺生·不偸盗·不邪婬·不妄語·不兩舌·不惡口·不綺語·不貪欲·不瞋恚·不邪見

* 來迎請…念佛을 많이 한 이나 十惡을 여읜 清淨한 이를 佛菩薩이 極樂世界에서 마중하는 것.

* 無生頓法…生滅을 여읜 깨달음의 境地를 단번에 證悟케 하는 法門. 即頓教大乘法.

六祖言하되　惠能이　與使
君으로　移西方刹那間하여
目前便見케　하리니　使君
願見否아

使君이　禮拜하되　若此得
見하면　何須往生고　願和
尙은　慈悲로　爲現西方하
면　大善이로다

大師言하되　唐見西方無疑
러니　即散하라

六조께서 말씀하였다.

『혜능이 사군을 위하여 서쪽 나라(극락세계)를 찰나 사이에 옮겨 눈 앞에 바로 보게 하리니 위사군이 보기를 바라는가?』

위사군이 예배하며 말하였다.

『만약 여기서 볼 수만 있다면, 어찌 일부러 가서 극락세계에 나겠습니까. 원하건대 대사께서 자비로써 서쪽 나라(극락세계)를 보여 주신다면 매우 좋겠습니다.』

대사께서 말씀하셨다.

『불현듯 서쪽 나라를 보아 의심이 없을

大衆이 愕然하여 莫知何
事어늘 大師曰 大衆아 大
衆은 作意聽하라 世人의
自色身은 是城이요 眼耳
鼻舌身은 卽是城門이니
外有五門하고 內有意門하며
心卽是地요 性卽是王이니
性在王在하고 性去王無라
性在身心存이요 性去身心
壞니라

것이니 곧 흩어질지니라.』

대중들이 놀라 무슨 일인지 영문을 모

르자 대사께서 말씀하셨다.

『대중이여, 대중은 정신 차리고 들을지

니, 세상 사람들의 자기 색신은 성(城)이

요 눈·귀·코·혀·몸은 바로 성의 문이

니, 밖으로 다섯 문이 있고 안으로 뜻(意)

의 문이 있나니, 마음은 바로 땅이요 성

품은 바로 왕(王)이니, 성품이 있으면 왕

이 있고 성품이 떠나면 왕은 없느니라.

성품이 있으므로 몸과 마음이 있고 성품

佛是自性作이니　莫向身外

求하라　自性이　迷하면

佛卽衆生이요　自性이　悟

면　衆生이　卽是佛이니라

慈悲는　卽是觀音이요　喜*

捨는　名爲勢至며　能淨은

是釋迦요　平直은　是彌勒

이라　*人我는　是須彌요

邪心是大海며　煩惱는　是

波浪이요　毒心은

이 떠나므로 몸과 마음이 무너지느니라.

부처는 자기 성품(自性)으로 이루어지는 것이니 몸 밖에서 구하지 말지니, 자기 성품이 미혹하면 부처가 곧 중생이요 자기 성품을 깨달으면 중생이 바로 부처이니라.

자비는 바로 관음이요 희사(喜捨)는 세지(勢至)라고 부르며, 능히 청정하면 석가(釋迦)요 평등하고 곧음은 미륵이니라. 인아상(人我相)은 수미요 삿된 마음은 큰 바다이며 번뇌는 파랑이요 독한 마음은

漢文	한글 번역
是惡龍이며　塵勞는　是魚	악한 용이며 진로(塵勞)는 물고기와 자라
鱉이요　虛妄은　卽是神鬼	요 허망함은 바로 귀신이며 삼독(三毒)은
며　三毒卽是地獄이요　愚	바로 지옥이요 어리석음은 바로 축생이며
痴는　卽是畜生이며　十善	십선(十善)은 바로 천당이니라.
은　卽是天堂이라　無人我	인아상(人我相)이 없으면 수미산이 저
하면　須彌自倒요　除邪心	절로 거꾸러지고 삿된 마음을 없애면 바
하면　海水竭이요　煩惱無	닷물이 마르며, 번뇌가 없으면 파랑이 없
하면　波浪滅이요　毒害除	어지고 독해(毒害)를 제거하면 물고기와
하면　魚龍絶이니라	용이 없어지느니라.』
自心地上覺性如來가　放大	『자기 마음의 바탕 위에 깨달은 성품
智惠하여　光明이　照耀하	(覺性)의 부처가 큰 지혜를 비추어 광명

여 六門_{육문}이　淸淨_{청정}하고　照_조

破_파六欲諸天_{*육욕제천}하여　下照_{하조}하고

三毒_{삼독}을　若除_{약제}하면　地獄_{지옥}이

一時消滅_{일시소멸}하여　內外明徹_{내외명철}하

여　不異西方_{불이서방}하나니　不作_{불작}

此修_{차수}하고　如何到彼_{여하도피}리오

座下聞說_{좌하문설}하고　讚聲_{찬성}이　徹_철

天_천하되　應是迷人_{응시미인}도　了然_{료연}

便見_{변견}하니라

이 빛나며, 육문(眼耳鼻舌身意_{안이비설신의})이　청정하고 육계의 모든 여섯 하늘을 비추어 다스리고 아래로 비추어 삼독을 제거하면 지옥이 일시에 사라져 안팎으로 사무쳐 밝으면 서쪽 나라(극락세계)와 다르지 않나니, 이러한 수행을 하지 아니하고 어찌 깨달음의 피안(彼岸)에 이를 것인가.』 법문을 들은 법좌(法座) 아래서는 찬탄하는 소리가 하늘에 사무쳤으니, 응당 미혹한 사람까지도 바로 밝게 알아볼 수 있었느니라.

使君이 禮拜하고 讚言善

哉善哉라 普願法界衆生이

聞者一時悟解하 노이다

위사군이 예배하며 찬탄하여 말하였다.

『참으로 훌륭하십니다. 두루 원하옵나

니, 법계의 중생들이 이 법문을 듣고 모

두 일시에 깨달아지이다。』

註解

＊喜捨…淨捨·淨施라고도 하는데 주로 三寶에 공양하기 위하여 돈이나 물건을 보시하는 것.

＊人我(相)…五蘊이 假和合한 身體에 대하여 常一主宰(고유한 주체)하는 아(我)가 있다고 생각하는 잘못된 견해. 人我相을 我執이라 하고 法我相을 法執이라 함. 法執이란 객관적인 物心諸法에 실로 체성이 있다고 집착하는 마음

＊神鬼…鬼神과 같음. 人間의 視力으로 볼 수 없는 神秘力을 가지며 三寶를 수호하는 善神과 害를 끼치는 惡神이 有함.

＊六欲天…欲界에 속한 六層의 天上. 持國·廣目·增長·多聞의 四王天과 忉利天·夜摩天·兜率天·化樂天·他化自在天. 欲界에는 食欲·淫欲·睡眠欲 등 모든 욕망을 떠나지 못함으로 欲界라 함.

六祖壇經　192

大師言하되　善知識아　若
欲修行인댄　在家도　亦得
하여　不由在寺니　在寺不
修하면　如西方心惡之人이
요　在家若修行하면　如東
方人修善이라　但願自家修
淸淨하면　卽是西方이니라

대사께서 말씀하셨다.

『선지식들이여, 만약 수행(修行)하기를 바란다면 세속에서도 가능한 것이니, 절에 있다고만 하는 것이 아니니라. 절에 있으면서 닦지 않으면 서쪽 나라 사람(극락세계를 바라는 사람)의 마음이 악함과 같고, 세속에 있으면서 수행하면 동쪽 나라 사람(세속에 있는 사람)이 착함을 닦는 것과 같나니, 오직 바라건대, 자기 스스로 깨끗함을 닦으면 그것이 바로 서쪽 나라이니라.』

使君이　問하되　和尙아

在家如何修오　願爲指授하

소서　大師言하되　善知識

아　惠能이　與道俗作無相

頌하노니　盡誦取하라　依

此修行하면　常與惠能으로

一處無別이니라

頌曰

위사군이 물었다.

『대사이시여, 세속에 있으면서는 어떻

게 닦아야 합니까? 원하오니 가르쳐 주

소서.』

대사께서 말씀하셨다.

『선지식들이여, 혜능이 도속(道俗)을

위하여 [상(相)을 여읜 게송(無相頌)]을

지어 줄터이니 다들 외워 가질지니, 이것

을 의지하여 수행하면 항상 혜능과 더불

어 한 곳에 있음과 다름이 없느니라.』

게송으로 말씀하셨다.

說通及心通이여

惟傳頓敎法하여

如日至虛空하니

出世破邪宗이로다

敎卽無頓漸이요

迷悟有遲疾하니

若學頓敎法하면

愚人도 不可迷니라

說卽雖萬般이나

合離還歸一이니

煩惱暗宅中에

설법도 통달하고 마음도 통달하여

해가 허공에 떠오름과 같나니

오직 돈교의 법만을 전하여

세간의 삿된 가르침을 부수는도다.

가르침에는 돈(頓)과 점(漸)이 없으나

미혹함과 깨달음에 더디고 빠름이 있나니

만약 돈교(頓敎)의 법을 배우면

어리석은 사람도 미혹하지 않느니라.

설명하자면 비록 일만(一萬) 가지이나

모두 합하면 도로 하나로 돌아가나니

번뇌의 어두움 속에서

常須生慧日이어다

항상 지혜의 해가 떠오르게 하라.

邪來因煩惱요

삿됨은 번뇌를 인연하여 오고

正來煩惱除니

바름이 오면 번뇌는 없어지나니

邪正俱不用하고

삿됨과 바름 모두 여의면

淸淨至無餘로다

오직 깨끗함만 남을 뿐이로다.

菩提本淸淨하여

보리는 본래 깨끗하나

起心卽是妄이라

마음 일으키는 것이 바로 망상이라

淨性在妄中하니

깨끗한 성품이 망념 가운데 있나니

但正하면 除三障이로다

오로지 바르기만 하면 세 가지 장애를 없애는도다.

世間에　若修道인댄

만약 세간에서 도를 닦으려 하면

一切盡不妨이니

일체 모두가 방해롭지 않나니

常現在己過하라

항상 자기 허물을 드러내 있게 하면

與道卽相當이로다

도와 더불어 서로 합하는도다.

*色類自有道어늘

형상이 있는 것에는 본디 도가 있거늘

離道別覓道라

도를 떠나 따로 도(道)를 찾는데

覓道不見道하니

도를 찾아도 도를 보지 못하나니

到頭還自懊로다

도리어 스스로 고뇌만 하는도다.

若欲貪覓道인댄

만약 애써 도를 찾고자 한다면

行正이　卽是道니

행동의 바름이 바로 도(道)이니

自若無正心하면

스스로에게 바른 마음 없으면

暗行不見道^{암행불견도}니라

若眞修道人^{약진수도인}은

不見世間愚^{불견세간우}하나니

若見世間非^{약견세간비}하면

自非却是左^{자비각시좌}로다

他非^{타비}는 我有罪^{아유죄}요

我非^{아비}는 自有罪^{자유죄}니

但自去非心^{단자거비심}하고

打破煩惱碎^{타파번뇌쇄}로다

若欲化愚人^{약욕화우인}인맨

是須有方便^{시수유방편}하니

어둠 속 길이라 도를 보지 못하리라.

만약 참으로 도를 닦는 사람이라면

세간의 어리석음 보지 않나니

만약 세간의 잘못 보는 것은

자기의 잘못이니 도리어 허물이로다.

남의 잘못은 나의 허물이요

나의 잘못은 스스로 스스로 죄 지음이니

오직 스스로 잘못된 생각 버리고

번뇌를 물리쳐 부수는도다.

만약 어리석은 사람을 교화하고자 하면

모름지기 방편이 있어야 하나니

勿令彼有疑하리

그들로 하여금 의심을 깨뜨리게 할지니

卽是菩提見이로다

바로 보리가 나타남이로다.

法元在世間하여

법은 원래 세간에 있으며

於世에 出世間하니

세간에서 세간을 벗어나나니

勿離世間上하고

세간 일을 떠나지 말며

外求出世間하라

밖에서 출세간(出世間)의 법을 구하지 말라.

邪見是世間이요

삿된 견해가 세간이요

正見은 出世間이니

바른 견해는 세간을 벗어남이니

邪正을 悉打却하면

삿됨과 바름을 다 물리쳐 버리면

菩提性宛然이로다

보리의 성품이 완연하리로다.

此但是頓敎며

이는 오직 단번에 깨닫는 가르침이며

亦名爲大乘이니

迷來經累劫하고

悟則刹那間이로다

大師言하되

善知識아　汝等은　盡誦取

此偈하라　依偈修行하면

去惠能千里라도　常在能邊

이요　此不修면　對面千里

니　各各自修하여　法不相

待니라

또한 대승이라 이름하나니

미혹하면 수많은 세월을 경과하나

깨달으면 찰나의 사이로다.

대사께서 말씀하셨다.

『선지식들이여, 그대들은 다들 이 게송

을 외어 가질지니, 이 게송을 의지하여

수행을 하면 천 리를 혜능과 떨어져 있더

라도 항상 혜능의 곁에 있는 것이요, 이

를 수행하지 않으면 얼굴을 마주하여도

천 리를 떨어져 있는 것이니, 각기 스스

衆人은 且散하라 惠能은

歸曹溪山하리니 衆人이

若有大疑어든

來彼山間하라 爲汝破疑하

여 同見佛性케 하리라

合座官僚道俗이 禮拜和尙

하고 無不嗟嘆하되 善哉

라 大悟여 昔所未聞이로

다 嶺南에 有福하여 生

로 수행할 것이요, 법이 상대를 기다리지 않느니라.

여러분들은 그만 흩어질지니 혜능은 조계산으로 돌아가리라. 만약 대중 가운데 큰 의심이 있으면 저 산중으로 오면 그대들의 의심을 없애고 같이 부처의 성품을 보게 하리라.』

함께 앉아 있던 관료·스님·속인들이 대사께 예배하며 찬탄하여 마지 않았으며 『참으로 훌륭하십니다. 크게 깨달으심이 일찍이 미처 듣지 못한 말씀이로다.

佛在此를（불재차）
一時盡散하니라（일시진산）

誰能得知리오（수능득지）

영남에 복이 있어 산 부처가 여기 계심을
누가 능히 알았으리오』 하며 모두들 흩어
져 돌아갔다.

註解

* 說通及心通(설통급심통)…說通(설통)은 說法(설법)에 通達(통달)하는 것이며 心通卽宗通(심통즉종통)은 根本體性(근본체성)에 通達함(통달)을 말함.〔楞伽經(릉가경)〕卷三(권삼) 〔一切佛語品(일체불어품)〕에 있음.

* 無餘(무여)…無餘涅槃(무여열반)을 말함. 完全(완전)한 眞實(진실)한 涅槃(열반)으로서 煩惱(번뇌)를 모조리 없앤 永遠(영원)히 平安(평안)한 경계.

* 三障(삼장)…正道(정도)와 善心(선심)을 障害(장해)하는 세 가지 害惡(해악). 一(일)은 煩惱障(번뇌장)으로서 貪(탐)·瞋(진)·痴(치)의 迷惑(미혹). 二(이)는 業障(업장)으로서 五逆(오역)·十惡(십악) 등의 行爲(행위). 三(삼)은 報障(보장)으로서 地獄(지옥)·餓鬼(아귀)·畜生(축생) 등의 苦報(고보).

* 色類(색류)…物質的(물질적) 存在(존재)의 總稱(총칭).

* 法不相待(법불상대)…〔維摩經(유마경)〕〔弟子品(제자품)〕에 『法(법)에는 相待(상대)가 없다』고 말한 것은 一切法(일체법)은 本來(본래)로 相待性(상대성)을 초월함을 의미한 것이나, 여기서는 우리를 기다려 주지 않는다는 뜻임.

九、參請機緣

참 청 기 연

참배하고 법을 배운 인연

九、參請機緣

大師往曹溪山하니 韶廣二
州에 行化四十餘年이라
若論門人하면 僧之與俗이
三五千人이라 說不盡이요
若論宗旨하면 傳授壇經하
여 以此爲依約하라 若不
得壇經이면 卽無稟受니

九、참배하고 법을 배운 인연

대사께서 조계산으로 가시어 소주·광
주 두 고을에서 교화하시기를 사십여 년
이었다.

만약 문인을 말한다면 스님과 속인이
삼오천(三五千) 명이라 이루 다 말할 수
없으며, 만약 종지를 말한다면 단경을 전
수하여 이로써 의지하여 믿음을 삼게 하
였나니, 만약 단경을 얻지 못하면 곧 법
을 이어받지 못한 것이니라.

須知去處年月日姓名하여

遞相付囑하되 無壇經稟承

이면 非南宗弟子也니라

未得稟承者는 雖說頓敎法

하나 未知根本이라 終不

免諍이니 但得法者는 只

勸修行하라 諍是勝負之心

이니 與道違背로다

모름지기 처소와 년월일과 성명을 알아
서 서로서로 부촉하되 단경을 이어받지
못하였으면 남종(南宗)의 제자가 아니니
라. 단경을 이어받지 못한 사람은 비록
돈교법을 말하나 아직 근본을 알지 못함
이라, 마침내 다툼을 면하지 못하느니라.
그러므로 오로지 법을 얻은 사람에게만
돈교법(頓敎法)의 수행을 권할지니, 다툼
은 이기고 지는 마음이라, 도(道)와는 어
긋나는 것이니라.

世人이　盡傳하되　南能北
秀라　하나　未知根本事由
니라　且秀禪師는　於荊南
府當陽縣玉泉寺에　住持하
여　修行하고　惠能大師는
於韶州城東三十五里曹溪山
에　住하니　法則一宗이나
人有南北이라　因此便立南
北이니라
何名漸頓고　法卽一種이로
되　見有遲疾이라

세상 사람들이 다 전하기를 『남쪽은 혜

능이요 북쪽은 신수』라고 하나, 아직 근

본 사유를 모르는 말이니라.

또한 신수선사는 형남부 당양현 옥천사

에 주지하며 수행하고, 혜능대사는 소주

성 동쪽 삼십오 리 떨어진 조계산에 머무

르니, 법은 한 종(宗)이나 사람에게 남쪽

과 북쪽이 달라서 이로 말미암아 남쪽과

북쪽이 이루어지게 되었느니라.

어떤 것을 점(漸)과 돈(頓)이라고 하는

가? 법은 한 가지이나, 견해에 더디고

見遲卽漸이요　見疾卽頓이
니　法無漸頓이요　人有利
鈍故로　名漸頓이니라

빠름이 있기 때문이니 견해가 더디면 바
로 점(漸)이요 견해가 빠르면 바로 돈
(頓)이니라. 법에는 점과 돈이 없으나 사
람에게는 영리함과 우둔함이 있는 까닭으
로 「점」과 「돈」이라 이름한 것이니라.

註解

* 南宗第子…惠能의　宗旨는　南宗惠能·北宗神秀하는　南宗이란　意味가　아니라、
南天竺의　達磨로부터　相傳된　南宗旨라는　趣旨임.

神秀師嘗見人이 說惠能法

의 疾直指路하고 秀師遂

喚門人僧志誠曰 汝聰明多智

하니 汝與吾至曹溪山하여

되 莫言吾使汝來하고 所

到惠能所하여 禮拜但聽하

聽得意旨를 記取하여 却

來與吾說하여 看惠能見解

與吾誰疾遲케 하되 汝第

一早來하여 勿令吾怪하라

일찍이 신수스님은 사람들이 혜능스님

의 법이 빠르고 곧게 길을 가리킨다고 말

하는 것을 보았다. 신수스님은 드디어 문

인 지성스님을 불러 말하였다.

『그대는 총명하고 지혜가 많으니 나를

위하여 조계산으로 가서 혜능스님의 처소

에 이르러 예배하고 듣기만 하되, 내가

보내서 왔다 하지 말아라. 들은대로 그

뜻을 기억하여 돌아와서 나에게 말하여

라. 그래서 혜능스님의 견해와 나와 누가

빠르고 더딘 지를 보게 하여라. 그대는

志誠이　奉使歡喜하여　遂

半月中間에　即至曹溪山下

여　見惠能和尙하고　禮拜

即聽하되　不言來處러니

志誠이　聞法하고　言下便

悟하여　即契本心하고　起

立即禮拜하여　自言하되

和尙아　弟子從玉泉寺來니

라　秀師處에　不得契悟러

되도록 빨리 오너라. 그래서 나로 하여금
괴이하게 여기지 않도록 하여라.』

지성은 기쁘게 분부를 받들어 반 달쯤
걸러서 조계산에 당도하였다. 그는 혜능
스님을 뵈옵고 예배하여 법문을 들었으나
온 곳을 말하지 않았다.

지성은 법문을 듣고 그 말 끝에 문득
깨달아 바로 본래의 마음에 계합하였다.
그는 일어서서 예배하고 스스로 말하였다.
『대사이시여, 제자는 옥천사에서 왔습
니다. 신수스님 밑에서는 깨닫지 못하였

니 聞和尚說하고 便契本

心하오니 和尙은 慈悲로

願當教示하소서

惠能大師曰 汝從彼來면

應是細作이로다

未說即是나 說了不是니라

六祖言하되 煩惱即是菩提

도 亦復如是니라

으나 대사님의 법문을 듣고 본래의 마음에 계합하였습니다. 대사께서는 자비로써 가르쳐 주시기 바라옵니다.』

혜능대사께서 말씀하셨다.

『네가 거기에서 왔다면 참 좀살스러웠구나』

지성이 말하였다.

『말을 하기 이전에는 그렇습니다마는, 말씀을 드렸으니 그렇지 아니하옵니다.』

대사께서 말씀하셨다.

『번뇌가 바로 보리임도 또한 이와 같으니라.』

大師謂志誠曰 吾聞汝禪師

敎人하되 唯傳戒定惠라하

니 汝和尙의 敎人戒定惠

는 如何오 當爲吾說하라

志誠曰 秀和尙의 言戒定惠

는 諸惡不作을 名爲戒요

諸善奉行을 名爲惠요

淨其意를 名爲定이라 此

卽名爲戒定惠니 彼作如是

說이어니와 不知和尙所見

은 如何오

대사께서 지성에게 말씀하셨다.

『내가 들으니 그대의 스승이 남을 가르치기를 오직 계·정·혜를 전한다고 하는데, 그대의 스승이 가르치는 계·정·혜는 어떤 것인지 나에게 말해 주기 바라노라.』

『신수대사는 계·정·혜 말씀하시기를 모든 악을 짓지 않는 것을 계라 하고, 선을 받들어 행하는 것을 혜라고 하며, 스스로 자기 마음을 깨끗이 함을 정이라고 합니다. 신수대사의 말씀은 그러하온대, 대사의 의견은 어떠하신지 알지 못합니다.』

惠能和尚答曰此說은 不可

思議나 惠能所見은 又別

하니라

志誠이 問何以別고

惠能答曰見有遲疾이니라

志誠이 請和尚說所見戒定

惠한대

大師言하되 汝聽吾說하

여 看吾所見處하라

혜능대사가 대답하셨다.

『그 법문은 불가사의하나 혜능의 소견

은 또한 다르니라.』

지성이 『어떻게 다르옵니까?』

혜능대사께서 대답하시기를 『견해에 더

디고 빠름이 있느니라.』

지성이 계·정·혜에 대한 혜능대사의

소견을 청하였다.

대사께서 말씀하셨다.

『그대는 나의 말을 듣고 나의 소견을

알아보아라.』

心地無非自性戒요 心地無
亂이 是自性定이요 心地
無痴自性惠니라
能大師言하되 汝戒定惠는
勸小根諸人이요 吾戒定惠는
勸上根人이니 得悟自
性하면 亦不立戒定惠니라

志誠이 言請大師說不立은

마음 바탕에 그릇됨이 없음이 자성(自
性)의 계(戒)요, 마음 바탕에 어지러움이
없음이 자성의 정(定)이며, 마음 바탕에
어리석음이 없음이 자성의 혜(惠)이니라.』

혜능대사께서 다시 말씀하셨다.
『그대의 계·정·혜는 작은 근기의 사
람에게 권하는 것이요, 나의 계·정·혜
는 높은 근기의 사람에게 권하는 것이니,
자기의 성품을 깨달으면 또한 계·정·혜
도 세우지 않느니라.』

지성이 여쭈었다.

如何오 大師言하되 自性은 無非無亂無癡하니 念般若觀照하여 常離法相하나니 有何可立고 自性頓修하여 立有漸이라 此以不立이니라

志誠이 禮拜하고 便不離

『대사께서 세우지 않는다고 말씀하시는 뜻은 어떤 것입니까?』

대사께서 말씀하셨다.

『자기의 성품(自性)은 그릇됨도 없고 어리석음도 없으며 어리석음도 없나니, 생각생각마다 지혜로 관조하며 항상 법의 모양(相)을 떠났는데, 무엇을 세우겠는가. 자기의 성품(自性)을 단번에 닦을지니, 세우면 점차(漸次)가 있게 되므로 세우지 않느니라.』

지성은 예배하고 나서 바로 조계산을

曹溪山(조계산)하여　即爲門人(즉위문인)하여
不離大師左右(불리대사좌우)니라

떠나지 아니하고 곧 대사의 문인이 되어

대사의 좌우를 떠나지 않았다.

註解

* 諸惡不作(제악불작)…〔增一阿含經(증일아함경)〕에 〔七佛通戒偈(칠불통계게)〕라 하여 『諸惡不作(제악불작) 衆善奉行(중선봉행) 自淨其意(자정기의) 是諸佛敎(시제불교)』라 하였음.

* 自性無非無亂無痴(자성무비무란무치)…自性(자성) 곧 眞如佛性(진여불성)은 本來(본래)로 淸淨(청정)하여 心地(심지)에는 元來(원래) 三毒(삼독)(貪(탐)·瞋(진)·痴(치))과 五欲(오욕)(財(재)·色(색)·名(명)·食(식)·睡(수))이 있을 수 없으니, 念念(염념)이 般若智(반야지) 慧(혜)로 自性(자성)을 觀照(관조)하여 修行(수행)함을 最上乘(최상승)의 頓敎修行(돈교수행)이라 함.

又有一僧하여 名法達이
니 常誦法華經七年하되
心迷不知正法之處리라
來問曰經上에 有疑하니
大師는 智惠廣大라 願爲
決疑하소서

大師言하되 法達아 法卽
甚達이어늘 汝心不達이요
經上無疑어늘 汝心自疑하
고 汝心自邪하여 而求正

또 한 스님이 있었는데 법달이라 하였
다. 항상 《법화경》을 외워 칠 년이 되었
으나 마음이 미혹하여 바른 법의 당처(當
處)를 알지 못하더니 와서 물었다.

『경에 대한 의심이 있습니다. 대사님의
지혜가 넓고 크시오니 의심을 풀어주시기
바랍니다.』

대사께서 말씀하셨다.

『법달이여, 그대 이름은 제법 통달하였
으나 그대 마음은 통달하지 못하였구나.
경 자체에는 의심이 없거늘 그대의 마음

法법이로다

吾心정정이　卽是持經이라

吾一生已來로　不識文字하

니　汝將法華經來하여　對

吾讀一遍하라　吾聞卽知리

라

法達이　取經到하여　對大

師讀一遍한대　六祖聞已하

고　卽識佛意라　便與法達

이 스스로 의심하고 있나니, 그대 마음이

스스로 삿되면서 바른 법을 구하는구나.

자기 마음의 바른 안정(安定)이 바로

경전을 지니고 읽는 것이니라.

나는 한평생 동안 문자를 모르니, 그대

는 《법화경》을 가지고 와서 나와 마주하

여 한 편(一遍)을 읽을지니, 내가 들으면

바로 알 것이니라.」

법달이 경을 가지고 와서 대사를 마주

하여 한 편을 읽었다. 육조대사께서 듣고

바로 부처님의 뜻을 아셨고 이내 법달을

說法華經할새 六祖言 法
達아 法華經은 無多語라
七卷이 盡是譬喩因緣이니
라 如來廣說*三乘은 只爲
世人根鈍이니 經文分明 無*
有餘乘이요 唯一佛乘이라
하니라
大師言하되 法達아 汝聽
一佛乘하고 莫求二佛乘하
여 迷却汝性하라 經中에

위하여 《법화경》을 설법하셨다.

『법달이여, 《법화경》에는 많은 말씀이 없나니, 일곱 권이 모두 비유와 인연 말씀이니라. 부처님께서 널리 삼승(三乘)을 말씀하심은 다만 세상 사람들의 근기가 둔한 사람을 위함이며, 경 가운데서 분명히 「다른 승(乘)이 있지 아니하고 오로지 한 불승(佛乘)뿐이라」고 하셨느니라.」

대사께서 말씀하셨다.

『법달이여, 그대는 일불승(一佛乘)을 듣고서 이불승(二佛乘)을 구하여 그대의

何處是一佛乘을　與汝說하

리라

經云　諸佛世尊이　唯以一

大事因緣故로　出現於世라

하니　(已上十六字是正法)

此法을　如何解며　此法을

如何修오　汝聽吾說하라

人心이　不思하면　本源이

空寂하여　離却邪見이　即

一大事因緣이니라　內外不

자성(自性)을 미혹하게 말지니, 경 가운

데서 어느 곳이 일불승인지를 그대에게

말하리라.

경에 말씀하시기를 「모든 부처님·세존

께서는 오직 일대사인연(一大事因緣) 때

문에 세상에 나타나셨다」고 하셨다. (이

상의 열여섯 자는 바른 법이다) 이 법을

어떻게 알며 이 법을 어떻게 닦을 것인

가? 그대는 나의 말을 잘 들어라.

사람의 마음이 헤아리지 않으면 본래의

근원이 비고 고요하여 삿된 견해를 떠나

迷하면 卽離兩邊이니 外

迷著相하고 內迷著空이라

於相離相하고 於空離空이

卽是不迷니 悟此法하여

一念에 心開하면 出現於

世니라

心開何物고

開佛知見이니 佛은 猶如

覺也라 分爲四門하니 開

니 이것이 바로 일대사인연이니라. 안팎이
미혹하지 않으면 바로 양변(兩邊)을 떠나
니라. 밖으로 미혹하면 모양에 집착하고
안으로 미혹하면 공(空)에 집착하나니, 모
양에서 상(相)을 떠나고 공에서 공을 떠나
는 것이 바로 미혹하지 않는 것이며, 그러
므로 이 법을 깨달아 한 생각에 마음이 열
리면 세상에 나타나는 것이니라.

마음에 무엇을 여는가?

부처님의 지견을 여는 것이다. 부처님
이란 깨달음을 말하는데 네 문(門)으로

覺知見과　示覺知見과　悟
覺知見과　入覺知見이라
開示悟入은　從一處入이니
卽覺知見으로　見自本性이
卽得出世니라

나뉘나니, 깨달음의 지견을 여는 것과,
깨달음의 지견을 보이는 것과, 깨달음의
지견을 깨닫는 것과, 깨달음의 지견에 들
어가는 것이니라.

열고(開) 보이고(示) 깨닫고(悟) 들어
감(入)은 다 한 곳으로부터 들어가는 것
이니, 바로 깨달음의 지견으로 자기의 본
래 성품(自性)을 깨닫는 것이 바로 세상
에 나오는 것이니라.」

註解

* 三乘… 聲聞乘・緣覺乘・菩薩乘。 聲聞乘은 부처님의 가르침을 듣고 깨닫는 敎法임. 緣覺乘은 스승 없이 홀로 깨닫는 가르침으로서 十二因緣法을 觀하고 또는 다른 因緣에 依하여 깨닫는 가르침. 菩薩乘은 上求菩提下化衆生의 菩提心을 發하여 佛道에 入하고 四弘誓願을 發하여 六度萬行을 修하여 無上正覺을 證悟하는 가르침.

* 無有餘乘唯一佛乘…《法華經》[方便品]에 十方佛土中에는 오직 一佛乘만이 有하고 二乘도 無하고 또한 三乘도 無함.

* 諸佛世尊唯以一大事因緣故出現於世…《法華經》[方便品]에 『諸佛世尊은 衆生으로 하여금 佛知見을 開하고、 佛知見을 示하고、 佛知見을 悟케 하고、 佛知見에 들게(入) 하기 위하여 出現하신다.』고 함. 此經文의 大意는 本來淸淨한 自己 本性(自性・佛性)을 깨달아야 함을 指示함. 敦煌本 壇經에는 「已上十六字是正法」이라 있는데 이 《法華經》의 根本義는 『諸佛世尊唯以一大事因緣故出現於世』의 十六字에 要約되었음을 의미함.

大師言하되 法達아 吾常
願一切世人이 心地로 常
自開佛知見하고 莫開衆生
知見이라 世人이 心邪하
면 愚迷造惡하여 自開衆
生知見이요 世人이 心正
하여 起智惠觀照하면 自
開佛知見이니 莫開衆生知
見하고 開佛知見하면 即
出世니라

대사께서 말씀하셨다.

『법달이여, 나는 모든 세상 사람들이 스스로 언제나 마음 바탕으로 부처님의 지견을 열고 중생의 소견을 내지 않기를 바라노라. 세상 사람의 마음이 삿되면 어리석고 미혹하여 악을 지어 스스로 중생의 소견을 내고, 세상 사람들의 마음이 발라서 지혜를 일으켜 관조하면 스스로 부처님 지견을 여나니, 중생의 소견을 내지 말고 부처님의 지견을 열면 바로 세속에서 나오는 것이니라.』

大師言하되 法達아 此是
法華經一乘法이요 向下分
三은 爲迷人故니 汝但依
一佛乘하라
大師言하되 法達아 心行
하면 轉法華요 不行하면
法華轉이니 心正하면 轉
法華요 心邪하면 法華轉
이니라

대사께서 말씀하셨다.

『법달이여, 이러한 것이 【법화경】의 일
승법(一乘法)이니라. 아래로 내려가면서
삼승(三乘)을 나눈 것은 미혹한 사람을
위한 까닭이니, 그대는 오직 일불승(一佛
乘)만을 의지하여라.』

대사께서 말씀하셨다.

『법달이여, 마음으로 행하면 【법화경】
을 굴리고 마음으로 행하지 않으면 【법화
경】에 굴리게 되나니, 마음이 바르면 【법
화경】을 굴리고 마음이 삿되면 【법화경】

開佛知見하면 轉法華하고

開衆生知見하면 被法華轉

이니라

하면 卽是轉經이니라

大師言하되 努力依法修行

法達이 一聞하고 言下大

悟하여 涕淚悲泣하고 自

言하되 和尙하 實未曾轉

法華하고 七年을 被法華

에 굴리게 되느니라.

부처님의 지견을 열면 【법화경】을 굴리고

중생의 지견을 열면 【법화경】에 굴리게
되느니라.

대사께서 말씀하셨다.

『힘써 수행하면 이것이 바로 경을 굴리
는 것이니라.』

법달은 한 번 듣고 그 말 끝에 크게 깨
달아 눈물을 흘리며 감격하여 말하였다.

『대사님이시여, 실로 지금까지 【법화
경】을 굴리지 못하였습니다. 칠 년을 【법

轉_전하니 已後_{이후}로는 轉法華_{전법화}

하여 念念修行佛行_{염념수행불행}하리이

다

大師言_{대사언}하되 卽佛行_{즉불행}이 是_시

佛_불이니라 其時聽人_{기시청인}이 無_무

不悟者_{불오자}러라

時有一僧_{시유일승} 名智常_{명지상}하여 來_래

曹溪山_{조계산}하여 禮拜和尚_{예배화상}하고

問四乘法義_{문사승법의}하니 智常_{지상}이

問和尚曰_{문화상왈} 佛說三乘_{불설삼승}하고

화경》에 굴리어 왔습니다. 지금부터는

《법화경》을 굴려서 생각생각마다 부처님

의 행(行)을 수행하겠습니다.』

대사께서 말씀하셨다.

『부처님 행이 곧 부처님이니라.』

그때 듣는 사람들은 깨닫지 못한 이가

없었다.

그때 지상이라고 하는 한 스님이 조계

산에 와서 대사께 예배하고 사승법(四乘

法)의 뜻을 물었다.

지상이 대사께 여쭈었다.

又言最上乘하여　弟子不解
하니　望爲教示하소서
惠能大師曰　汝自身心見하
고　莫著外法相하라

元無*四乘法이니라　人心
自有四等하여　法有四乘이
니　見聞讀誦이　是小乘이
요　悟法解義是中乘이며

『부처님께서는　삼승(三乘)을　말씀하시
고　또한　최상승(最上乘)을　말씀하셨습니
다。제자는　알지　못하겠사오니　가르쳐　주
시기　바랍니다。』

혜능대사가　말씀하셨다。

『그대는　자신의　마음으로　보도록　하고
바깥　법의　모양에　집착하지　말아라。

원래　사승법(四乘法)이란　없느니라。사
람의　마음이　스스로　네　가지로　갈리어　법
에　사승이　있을　뿐이다。

보고　듣고　읽고　외움은　소승(小乘)이

				依의法법修수行행이　是시大대乘승이요
				萬만法법을　盡진通통하며　萬만行행俱구
				備비하여　一일切체無무離리하되　但단
				離리法법相상하여　作작無무所소得득이
			是시最최上상乘승이니　乘승是시行행義의요	
		不부在재口구諍쟁하니　汝여須수自자行행하		
고　莫막問문吾오也야어라				

요、법을 깨달아 뜻을 얻음은 중승(中乘)이며、법에 의지하여 수행함은 대승이요、만 가지 법을 다 통달하여 만 가지 행을 갖추며 일체를 떠남이 없으되 다만 법의 상(相)을 여의고 지어도 얻는 바가 없는 것이 최상승(最上乘)이니라.

승(乘)은 행한다는 뜻이요 입으로 다투는 데 있지 않나니、그대는 모름지기 스스로 닦고 나에게 묻지 말지니라。」

註解

＊汝但依一佛乘…〔法華經〕〔方便品〕에 『如來는 단지 一佛乘만을 위하여 法을 說하신다。 過去의 諸佛도 無量無數의 方便과 種種의 因緣·譬喩·言辭로써 衆生을 爲하여 諸法을 演說하시나니、 이러한 法도 모두 一佛乘을 爲하기 때문이다。』

＊念念修行佛行…생각생각에 般若로 觀照하여 自性(眞如佛性)을 여의지 않고 修行함을 佛行이라 함。

＊四乘…小乘(聲聞)·中乘(緣覺)·大乘(菩薩)의 三乘 위에 다시 最上乘 곧 一佛乘을 加한 것。

又有一僧名神會하니　南陽
人也라　至曹溪山하여　禮
拜問言하되　和尚坐禪은
見가　亦不見가　大師起打
神會三下하고　却問神會하
되　吾打汝하니　痛가　不
痛가　神會答言하되　亦痛
亦不痛이니다

또 한 스님이 있었는데 이름을 신회라
고 하였으며 남양 사람이다. 조계산에 와
서 예배하고 물었다.

『대사님께서는 좌선하시면서 보십니까,
보지 않으십니까?』

대사께서 일어나서 신회를 세 차례 때
리시고 나서 신회에게 물었다.

『내가 그대를 때렸는데, 아프냐 아프지
않으냐?』

신회가 대답하였다.

『아프기도 하고 아프지 않기도 합니다.』

六祖言曰 吾亦見亦不見이
니라 神會又問大師는 何
以亦見亦不見이닛고
大師言吾亦見은 常見自過
患일새 故云亦見이요 亦
不見者는 不見天地人過罪
라 所以亦見亦不見이니라

육조스님께서 말씀하셨다.

『나는 보기도 하고 보지 않기도 하느니라.』

신회가 또 여쭈었다.

『대사님은 어째서 보기도 하고 보지 않기도 하십니까?』

대사께서 말씀하셨다.

『내가 본다고 하는 것은 항상 나의 허물을 보는 것이니 그러므로 본다고 말하는 것이며, 보지 않는다고 하는 것은 늘과 땅과 사람의 허물과 죄를 보지 않는 것이니, 그 까닭에 보기도 하고 보지 않

汝의 亦痛亦不痛은 如何

오

神會答曰 若不痛이면 即

同無情木石이요 若痛이면

即同凡夫하여 即起於恨이

니다

大師言神會야 向前의 見

不見은 是兩邊이요 痛不

痛은 是生滅이니라 汝自

性을 且不見하고 敢來弄

人가

기도 하느니라. 그대가 아프기도 하고 아프지 않기도 한다 했는데 어떤 것이냐?」

신회가 대답하였다.

『만약 아프지 않다고 하면 곧 무정인 나무와 돌과 같고, 아프다 하면 바로 범부와 같아서 이내 원한을 일으킬 것입니다.』

대사께서 말씀하셨다.

『신회여, 앞에서 본다고 한 것과 보지 않는다고 한 것은 양변(兩邊)이요, 아프고 아프지 않음은 생멸(生滅)이니라. 그대는 자성(自性)을 보지도 못하면서 감히

神會禮拜하고 更不言한

大師言 汝心迷不見하

면 問善知識覓路하여 以

心悟自見하면 依法修行하

라 汝自迷하여 不見自心

하고 却來問惠能見否아

吾見自知라 代汝迷不得하

노니

와서 남을 희롱하려 하는가?』

신회가 예배하고 다시 더 말하지 않으

니 대사께서 말씀하셨다.

『그대 마음이 미혹하여 자성(自性)을

보지 못하면 선지식에게 물어서 길을 찾

을지니, 마음을 깨달아서 스스로 자성을

보게 되면 법을 의지하여 수행하여라. 그

대가 스스로 미혹하여 자기 마음을 보지

못하면서 도리어 혜능의 보고 보지 않음

을 묻느냐? 내가 보는 것은 내 스스로

아는 것이라 그대의 미혹함을 대신 할 수

汝若自見하면 代得吾迷리

오 何不自修하고 問吾見

否아 神會作禮하고 便爲

門人하여 不離曹溪山中하

여 常在左右하니라

없느니라。 만약 그대가 스스로 본다면 나의 미혹함을 대신하겠느냐? 어찌 스스로 닦지 아니하고 나의 보고 보지 않음을 묻느냐?』

신회가 절하고 바로 문인(門人)이 되어 조계산중을 떠나지 않고 항상 좌우에 모시었다.

十、付囑流通

十、付囑(부촉)流通(유통)

法(법)을 付囑(부촉)하고 流通(유통)케 하다

十、付_부囑_촉流_유通_통

大_대師_사遂_수喚_환門_문人_인 法_법海_해、志_지

誠_성、法_법達_달、智_지常_상、志_지通_통、

志_지徹_철、志_지道_도、法_법珍_진、法_법如_여、

神_신會_회하여 大_대師_사言_언하되 汝_여

等_등十_십弟_제子_자는 近_근前_전하라 汝_여

等_등은 不_부同_동餘_여人_인이니 吾_오滅_멸

度_도後_후에 汝_여各_각爲_위一_일方_방頭_두하리

니 吾_오敎_교汝_여說_설法_법하여 不_불失_실

本_본宗_종케 하리라

十、法_법을 付_부囑_촉하고 流_유通_통케 하다

대사께서 드디어 문인인 법해·지성·

법달·지상·지통·지철·지도·법진·법

여·신회 등을 불렀다.

대사께서 말씀하셨다.

『그대들 열 명의 제자들은 앞으로 가까

이 오도록 하라. 그대들은 다른 사람들과

같지 않으니, 내가 세상을 떠난 뒤에 그

대들은 각각 한 곳의 어른이 될 것이니

라. 그러니 내가 그대들에게 법문 설하는

擧三科法門과 動用三十

*거 *삼 *과 *법 *문 *동 *용 *삼 *십

六對하여 出沒에 卽離兩邊하라

육대 *출 *몰 즉리양 변

說一切法하되 莫離於性相하라

설일체법 막리어성상

이니 若有人이 問法이어든

약유인 문법

出語盡雙하여 皆取法對하여

출어진쌍 개취법 대

來去相因하여 究竟에 二法을 盡除하여

래거상인 구 경 이법 진제

更無去處케 하라

갱무거처

법을 가르쳐서 근본 종지를 잃지 않게 하리라.

삼과의 법문(三科法門)을 들고 동용삼십육대(動用三十六對)를 들어서 나오고 들어감에 바로 양변(兩邊)을 여의도록 하여라.

모든 법을 설하되, 성품과 모양(性相)을 떠나지 말지니라. 만약 사람들이 법을 묻거든 말을 다 쌍(雙)으로 해서 모두 대법(對法)을 취할지니, 가고 오는 것이 서로 인연한 것이니 필경에는 두 가지 법을 다

三科法門者^{삼과법문자}는　陰界入^{음계입}이니

陰是五陰^{음시오음}이요　界是十八界^{계시십팔계}

요　入是十二入^{입시십이입}이니라

何名五陰^{하명오음}고　色陰^{색음}、　受陰^{수음}、

想陰^{상음}、　行陰^{행음}、　識陰^{식음}이　是^시요

何名十八界^{하명십팔계}오　六塵^{육진}、　六門^{육문}、

六識^{육식}이며

何名十二入^{하명십이입}고

없애고 다시 가는 곳 마저 없게 할지니라.

삼과법문(三科法門)이란 陰^음·界^계·入^입이

고、 음은 오음(五陰)이며 계는 십팔계(十

八界)요 입은 십이입(十二入)이니라.

어떤 것을 오음이라고 하는가?

색음·수음·상음·행음·식음이니라.

어떤 것을 십팔계라고 하는가?

육진(六塵)·육문(六門)·육식(六識)이

니라.

어떤 것을 십이입(十二入)이라고 하는

가?

外六塵과　中六門이라

何名六塵고　色聲香味觸法

이　是며　何名六門고　眼耳

鼻舌身意가　是라　法性이

起六識인　眼識、耳識、鼻

識、舌識、身識、意識과

六門六塵하여　*自性이　含

萬法하니　名爲含藏識이니

思量卽轉識하여　生六識하

여　出六門見六塵하니

바깥의 육진과 안의 육문이니라.

어떤 것을 육진이라 하는가?

색·성·향·미·촉·법이니라.

어떤 것을 육문이라고 하는가?

눈·귀·코·혀·몸·뜻이니라.

법의 성품이 육식인 안식·이식·비식·설식·신식·의식의 육식과 육문과 육진을 일으키고 자성(自性)은 만법을 포함하나니, 함장식(含藏識)이라고 이름하느니라. 생각을 하면 바로 식(識)이 작용하여 육식이 생겨 육문으로 나와 육진을

是三六十八이라

由自性邪하여 起十八邪하
고 含自性正起하여 十八
正이니라 含惡用即衆生이
요 善用即佛이니 用由何
等고 由自性對로다

보나니, 이것이 삼(三)·육(六)은 십팔
(十八)이니라.

자성이 삿되기 때문에 열여덟 가지 삿
됨이 일어나고, 자성이 바름(正)을 포함
하면 열여덟 가지 바름이 일어나느니라.

악(惡)의 작용을 지니면 곧 중생이요,
선(善)이 작용하면 바로 부처이니라.

작용은 무엇들로 말미암는가?
자성(自性)의 대법(對法)으로 말미암느
니라.

外境無情이 對有五하니
天與地對며 日與月對며
暗與明對며 陰與陽對며
水與火對니라
語與言對와 法與相對는
有十二對하니 有爲無爲有
色無色對며 有相無相對며
有漏無漏對며 色與空對、
動與靜對、 清與濁對、 凡
與聖對、

바깥 경계인 무정(無情)에 다섯 대법이 있으니, 하늘과 땅이 상대요 해와 달이 상대이며 어둠과 밝음이 상대이며 음과 양이 상대이며 물과 불이 상대이니라.

논란하는 말(語)과 직언하는 말(言)의 대법과 법과 현상의 대법에 열두 가지가 있나니, 유위와 무위·유색과 무색이 상대이며, 유상과 무상이 상대이며, 유루와 무루가 상대이며, 현상(色)과 공(空)이 상대이며, 움직임과 고요함이 상대이며, 맑음과 흐림이 상대이며, 범(凡)과 성

僧^승與^여俗^속對^대、 老^로與^여少^소對^대、 大^대

大^대與^여少^소少^소對^대、 長^장與^여短^단對^대、

高^고與^여下^하對^대、

自^자性^성起^기用^용對^대에　有^유十^십九^구對^대하

니　邪^사與^여正^정對^대、　痴^치與^여惠^혜對^대、

愚^우與^여智^지對^대、　亂^란與^여定^정對^대、　戒^계

與^여非^비對^대、　直^직與^여曲^곡對^대、　實^실與^여

虛^허對^대、　嶮^험與^여平^평對^대、

（聖）이 상대이며、승（僧）과 속（俗）이 상대이며、늙음과 젊음이 상대이며、큼과 작음이 상대이며、긺（長）과 짧음（短）이 상대이며、높음과 낮음이 상대이니라.

자성이 일으켜 작용하는 대법에 열아홉 가지 있나니、삿됨과 바름이 상대요、어리석음과 지혜가 상대이며、미련함과 슬기로움이 상대요、어지러움과 선정（禪定）이 상대이며、계율과 잘못됨이 상대이며、곧음과 굽음이 상대이며、실（實）과 허（虛）가 상대이며、험함과 평탄함이 상대

性與相對니라

化身與報身對、　體與用對、

無常對、　法身與色身對、

與退對、　生與滅對、　常與

喜與嗔對、　捨與慳對、　進

煩惱與菩提對、　慈與害對、

有情無情對인　言語와　與

法相에　有十二對와

이며、 번뇌와 보리가 상대이며、 사랑과 해침이 상대이며、 기쁨과 성냄이 상대이며、 주는 것과 아낌이 상대이며、 나아감과 물러남이 상대이며、 남(生)과 없어짐(滅)이 상대이며、 항상함과 덧없음이 상대이며、 법신(法身)과 색신(色身)이 상대이며、 화신(化身)과 보신(報身)이 상대이며、 본체와 작용이 상대이며、 성품과 모양(性相)이 상대이니라.

유정·무정의 대법인 어(語)·언(言)과 법(法)·상(相)에 열두 가지 대법이 있고、

外境有無情五對와　自性起

外境유정무정오대　자성기

有十九對가　都合成三十六

유십구대　도합성삼십육

對法也니　此三十六對法을

대법야　차삼십육대법

解用하면　通一切經하여

해용　통일체경

出入에　即離兩邊하나니

출입　*즉리양변

　

如何自性起用고

여하자성기용

　

三十六對共人言語하나　出

삼십육대공인언어　출

外에　於相離相하고　入內

외에　어상리상　입내

에　於空離空하니

에　어공리공

바깥 경계인 무정(無情)에 다섯 가지 대

법이 있으며、 자성을 일으켜 작용하는데

열아홉 가지의 대법이 있어서 모두 서른

여섯 가지 대법을 이루니라.

이 삼십육 대법(對法)을 알아서 쓰면

일체의 경전에 통달하고 출입에 바로 양

변(兩邊)을 떠나니라. 어떻게 자성이 기

용(起用)하는가?

삼십육 대법이 사람의 언어와 더불어

함께하나 밖으로 나와서는 모양에서 모양

을 떠나고、 안으로 들어와서는 공(空)에

於空離空하니

著空卽惟長無明이요 著相

惟長邪見이라

謗法하여 直言不用文字라

하나 既云不用文字인댄

人不合言語니 言語卽是文

字니라

自性上說空하나 正語言하

면 本性이 不空하니 迷

서 공을 떠나나니, 공에 집착하면 다만

무명만 기르고 모양에 집착하면 오직 사

견(邪見)만 기르느니라.

더러는 법(法)을 비방하면서 말하기를

「문자(文字)를 쓰지 않는다」고 말한다.

그러나 정녕 문자를 쓰지 않는다(不立文

字 또는 不用文字)고 말한다면 사람이

말하지도 않아야만 옳을 것이니, 언어가

바로 문자이기 때문이다.

자성에 대하여 공(空)을 말하나, 바로

말하면 본래의 성품은 공(空)하지 않으니,

自惑(자혹)은　語言邪故(어언사고)라

暗不自暗(암불자암)이요　以明故暗(이명고암)이

며　暗不自暗(암불자암)이요　以明變(이명변)

暗(암)이라　以暗現明(이암현명)하여　來(래)

去相因(거상인)하니　三十六對(삼십육대)도

亦復如是(역부여시)니라

미혹하여 스스로 현혹됨은 말들이 삿된 까 닭이니라.

어둠이 스스로 어둡지 아니하나、밝음 때문에 어두운 것이니라. 어둠이 스스로 어둡지 아니하나 밝음이 변화함으로써 어둡고、어둠으로써 밝음이 나타나나니、오고 감이 서로 인연한 것이며 삼십육 대법도 또한 이와 같으니라.」

註解

* 三科法門… 五陰·十二入·十八界를 三科라 함. 五蘊·十二處·十八界라고도 함.

* 動用三十六對… 外境의 無情五對와 法相의 十二對와 自性의 十九對로서 合計 三十六對를 自性의 作用에 依하여 運用해야 함을 말함.

* 出沒卽離兩邊… 三十六對의 對法은 그 一對가 모두 相對의 관계에 있음을 깨달 게 하기 위하여 一方을 取捨함으로써 相對를 超越한 絶對를 깨닫게 하기 위함.

* 自性含萬法名含藏識… 阿賴耶識(Ālayavijñāna)을 말함. 有情·無情 모든 것을 生起하는 種子를 含藏한 識. 第八識 또는 潛在意識을 말함.

* 卽離兩邊… 兩邊은 二法이 對立한 一對의 槪念으로서 有爲와 無爲, 有漏와 無 漏, 眞諦와 俗諦 등을 말하는데, 中道란 서로 對立하는 두 立場을 여읜 中正 의 道임. 【大智度論】四十三에 『常은 是一邊이며 斷滅은 是一邊이다. 是二邊 을 離하여 中道를 行함을 바로 般若波羅蜜이라』함.

大師言十弟子하되 已後傳
法하여 遞相敎授一卷壇經
하여 不失本宗하라 不稟
受壇經하면 非我宗旨니라
如今得了하니 遞代流行하
라 得遇壇經者는 如見吾
親授니라 拾僧이 得敎授
已하고 寫爲壇經하여 遞
代流行하니 得者必當見性
이로다

대사께서 열 명의 제자들에게 말씀하셨
다.

『이후에 법을 전하되 서로가 번갈아 이
한 권의 단경을 가르쳐 주어 본래의 종지
를 잃어버리지 않게 할지니, 단경을 이어
받지 않는다면 나의 종지가 아니니라. 이
제 얻었으니 대대로 유포하여 행하게 할
지니라. 단경을 만나 얻은 이는 내가 친
히 만나서 주는 것과 같으니라.』

열 분의 스님들이 가르침을 받아가지고
단경을 베껴 써서 대대로 널리 퍼지게 하

大師先天二年八月三日

滅度할새 七月八日에 喚

門人告別하고 大師先天元

年에 於新州國恩寺造塔하

고 至先天二年七月告別하

니라

大師言하되 汝衆은 近前

하라 吾至八月欲離世間하

노니 汝等은 有疑早問하

니, 얻은 이는 반드시 자성(自性)을 깨달을 것이니라.

대사께서는 선천 이년 팔월 삼일에 돌아가셨다. 칠월 팔일에 문인들을 불러 고별하시고, 선천 원년에 신주 국은사에 탑을 조성하고 선천 이년 칠월에 이르러 작별을 고하셨다.

대사께서 말씀하셨다.

『그대들은 앞으로 가까이 오너라. 나는 팔월이 되면 세상을 떠나고자 하니, 그대

라 爲汝破疑하여 當令迷

리라

吾若去後에는 無人敎汝하

者盡하여 使汝安樂하리라

法海等衆僧이 聞已하고

涕淚悲泣하되 唯有神會가

不動亦不悲泣커늘 六祖言

하되 神會小僧은 却得善

不善等하여 毀譽不動하니

餘者는 不得이로다 數年

들은 의심이 있으면 빨리 묻도록 하여라.

그대들을 위하여 의심을 깨우쳐 미혹을

다 없애고 그대들로 하여금 안락하게 하

리라. 내가 떠난 뒤에는 그대들을 가르쳐

줄 사람이 없으리라.』

법해를 비롯한 여러 스님들이 이 말씀

을 듣고 눈물을 흘리며 슬퍼하였으나, 오

직 신회만이 잠자코 있으며 슬피 울지도

않으니, 육조대사께서 말씀하셨다.

『나이 어린 신회는 도리어 좋고 그름에

대하여 평정함을 얻어서 헐뜯고 칭찬함에

을 山中(산중)에 更(갱)修(수)何(하)道(도)며 汝(여)

今(금)悲(비)泣(읍)은 更(갱)有(유)阿(아)誰(수)하여

憂(우)吾(오)不(부)知(지)去(거)處(처)在(재)아 若(약)不(부)知(지)

去(거)處(처)런들 終(종)不(불)別(별)汝(여)리오

汝(여)等(등)悲(비)泣(읍)은 即(즉)不(부)知(지)吾(오)去(거)處(처)

니 若(약)知(지)去(거)處(처)하면 即(즉)不(불)悲(비)

泣(읍)이니라

동요하지 않으나, 나머지 사람들은 그렇지 못하는구나. 그렇다면 여러 해 동안 산중에서 무슨 수도를 하였는가? 그대들이 지금 슬피 우는 것은 또한 누구를 위함인가? 나의 가는 곳을 그대들이 몰라서 근심하는 것인가? 만약 내가 나가는 곳을 모른다면 그대들에게 고별을 하겠는가?

그대들이 슬퍼하는 것은 바로 나의 가는 곳을 몰라서이니, 만약 가는 곳을 안다면 슬퍼하지 않으리라.

性體가　無生無滅하며　無
去無來하니
汝等盡坐하라　吾與汝一偈
하노니　眞假動靜偈라　汝
等은　盡誦取하여　見此偈
意하면　汝與吾同이니라
依此修行하여　不失宗旨하
라
僧衆禮拜하고　請大師留偈
하여　敬心受持니라

자성(自性)의 본체는 남(生)도 없고 없어짐(滅)도 없으며 감(去)도 없고 옴(來)도 없느니라.

그대들은 모두 앉거라. 내 이제 그대들에게 한 게송(偈頌)을 주노니, [진가동정게(眞假動靜偈)]니라. 그대들이 다 외워 이 게송의 뜻을 알면 그대들은 나와 더불어 같을 것이니, 게송을 의지하여 수행해서 종지를 잃지 않도록 하여라.」

스님들이 예배하고 대사께 게송 남기시기를 청하고 공경하는 마음으로 받아 가졌다.

偈曰

一切無有眞하니

不以見於眞하라

若見於眞者는

是見이 盡非眞이로다

若能自有眞하면

離假卽心眞이요

自心이 不離假라

無眞이어니 何處眞고

有情은 卽解動이요

無情은 卽不動이니

게송에 말씀하셨다.

모든 모양 있는 것에 진실이 없나니 진

실을 보려 하지 말라.

진실이라 보인다 해도 그것은 바로 진

실이 아니니라.

만약 능히 자기에게 진실이 있다면 거짓

을 떠나는 것이 바로 마음의 진실이니라.

자기 마음의 거짓을 여의지 않으면 진실이

없거니 어느 곳에 진실이 있을 것인가?

유정은 움직일 줄 알고 무정은 움직이

지 않나니

若修不動行_{약수부동행}이면

만약 움직이지 않는 행을 닦는다면 무

同無情不動_{동무정부동}이라

정의 움직이지 않음과 같으니라.

若見眞不動_{약견진부동}하면

만약 참으로 움직이지 않음을 깨달으면

動上_{동상}에 有不動_{유부동}이니

움직임 위에 움직이지 않음이 있나니

不動_{부동}이 是不動_{시부동}이면

다만 움직이지 않음만 집착하면 뜻도

無情無佛種_{무정무불종}이로다

없고 부처의 씨앗도 없도다.

能善分別相_{능선분별상}하되

능히 모양을 잘 분별하여 근본 뜻은

第一義不動_{제일의부동}이니

직이지 말지니

若悟作此見_{약오작차견}하면

만약 깨달아서 이 견해를 지으면 바로

則是眞如用_{즉시진여용}이니라

진여의 작용이니라.

報諸學道者_{보제학도자}하노니

도를 배우는 모든 이에게 말하노니 힘

努力須用意하여

莫於大乘門에

却執生死智하라

前頭人相應하면

即共論佛語어니와

若實不相應인댄

合掌令勸善하라

此教는　本無諍이라

有諍하면　失道意리오

執迷諍法門하면

自性이　入生死로다

써 뜻을 세우고

대승의 문에서 도리어 생사(生死)의 견

해에 집착하지 말라.

앞 사람과 서로 응하면 함께 부처님 말

씀을 의논할지나

서로 응하지 않으면 합장하여 선(善)을

짓도록 권하여라.

이 가르침은 본래 다툼이 없음이니, 다

툼이 있으면 도의 뜻을 잃으리니

미혹에 집착하여 법문을 다투면 자성

(自性)이 생사(生死)에 들어가느니라.

註解

* 先天元年…西紀七一二年。 惠能大師는 先天二年(西紀 七一三年) 八月三日 享

年 七六世로 滅度하였다.

* 新州 國恩寺…廣東省 新興縣의 惠能大師 居住寺。 惠能大師는 韶州 曹溪寺에

서 國恩寺로 돌아와 入寂하였다.

* 造塔…惠能大師는 死期가 가까움을 알고 미리 塔을 造成케 했음. 그 당시 高

僧들이 生前에 미리 塔을 造成함은 전통적인 관례였음。

* 生死智…相對的인 現象에 집착하는 迷情을 말함。

衆僧이 旣聞하여 識大師

意하여 更不敢諍하고 依

法修行하여 一時禮拜하니

即知大師不永住世니라

上座法海向前言하되 大師

여 大師去後에는 衣法을

當付何人고

大師言法即付了하니 汝不

대중스님들은 다들 듣고 대사의 뜻을 알았으며, 다시는 감히 다투지 아니하고 법을 의지하여 수행하기를 다짐하였다. 대중은 모두 함께 예배하였으며 바로 대사께서 세상에 오래 머물지 않을 것임을 알았다.

상좌인 법해가 앞으로 나와 여쭈었다.

『대사님이시여, 대사님께서 가신 뒤에 가사와 법을 마땅히 누구에게 부촉하시겠습니까?』

대사께서 말씀하셨다.

須^수問^문이어다 吾^오滅^멸後^후二十餘^{이십여}
年^년에 邪^사法^법撩^요亂^란하여 惑^혹我^아
宗^종旨^지할새 有^유人^인出^출來^래하여
不^불惜^석身^신命^명하고 定^정佛^불敎^교是^시非^비
하여 竪^수立^립宗^종旨^지니 卽^즉是^시吾^오
正^정法^법이라 衣^의不^불合^합傳^전이니
汝^여不^불信^신인댄 吾^오與^여誦^송先^선代^대五^오
祖^조傳^전衣^의付^부法^법頌^송하리라

『법은 전하여 마쳤으니 그대들은 다시 묻지 말아라. 내가 떠난 뒤 이십여 년에 삿된 법이 요란하여 나의 종지를 혹란하게 할 것이니, 그러나 어떤 사람이 나와서 몸과 목숨을 아끼지 않고 불법(佛法)의 옳고 그름을 결정하여 종지를 세우리니, 이것이 바로 나의 바른 법이니라. 그러므로 가사를 전하는 것은 옳지 않으니라. 그대들이 믿지 않는다면 내가 선대(先代)의 다섯 분 조사께서 가사를 전하고 법을 부촉하신 게송들을 외워 주리라.

若據第一祖達磨頌意하면

即不合傳衣니　聽하라　吾

與汝誦하리라

頌曰

第一祖達磨和尚　頌曰

吾本來唐國하여

傳教救迷情하노니

一花開五葉하여

結果自然成이로다

만약 제일조 달마대사의 게송의 뜻에

따르면 가사를 전하는 것은 합당하지 않

나니, 잘 들을지니 내가 그대들을 위하여

게송을 외우리라.』

제일조 달마대사의 게송에 말씀하셨다.

내 본시 당나라에 와서, 부처님 가르침

을 전하여 미혹한 중생을 구하노니

한 꽃에 다섯 잎이 열리어、 그 결과가

자연히 이루리로다.

第二祖慧可和尙 頌曰

本來緣有地하여

從地種花生하니

當本元無地하면

花從何處生고

제이조 혜가 스님의 게송에 말씀하셨다.

본래 땅으로 인연하여、땅에서 씨앗과

꽃 피나니

만약 본래 땅이 없다면、꽃이 어느 곳

에서 피어나리오。

第三祖僧璨和尙 頌曰

花種雖因地하여

地上種花生이니

花種無生性이라

於地亦無生이로다

제삼조 승찬대사의 게송에 말씀하셨다。

꽃씨가 비록 땅을 인연하여、땅 위에

씨와 꽃을 피우나

꽃씨는 나는 성품이 없고、땅에도 또한

남(生)이 없도다。

第四祖道信和尙 頌曰
제사조 도신 화상 송왈

花種有生性하여
화종 유생 성

因地種花生하나
인지 종화 생

先緣不和合하면
선연 불화 합

一切盡無生이로다
일체 진 무 생

第五祖弘忍和尙 頌曰
제오조 홍인 화상 송왈

有情來下種하여
유정 래 하종

無情花卽生하고
무정 화 즉 생

無情又無種이라
무정 우 무종

心地亦無生이로다
심지 역 무생

제사조 도신대사의 게송에 말씀하셨다.

꽃씨에 나는 성품 있어、 땅을 인연하여

씨앗이 꽃이 피나

앞의 인연이 화합하지 않으면、 모든 것

이 다 나지 않는도다.

제오조 홍인대사의 게송에 말씀하셨다.

뜻이 있는 이 와서 씨를 뿌리니、 뜻이

없는 꽃이 피어나고

뜻도 없고 씨앗도 없으니、 마음 바탕에

또한 나(生)는 것도 없도다.

第六祖惠能和尙^{제육조혜능화상} 頌曰^{송왈}

心地含情種하여^{심지함정종}

法雨卽花生이라^{법우즉화생}

自悟花情種하니^{자오화정종}

菩提果自成이로다^{보리과자성}

能大師言하되^{능대사언} 汝等은^{여등} 聽^청

吾作二頌하라^{오작이송} 取達磨和尙^{취달마화상}

頌意니^{송의} 汝迷人이^{여미인} 依此頌^{의차송}

修行하면^{수행} 必當見性하리라^{필당견성}

제육조 혜능의 게송을 말한다.

마음 바탕에 뜻의 씨앗을 머금으니,

법의 비가 꽃을 피우고

스스로 꽃의 뜻과 씨앗을 깨달으니,

보리의 열매가 저절로 이루어지는도다.

혜능대사께서 말씀하셨다.

『그대들은 또한 내가 지은 두 게송을 들으라. 달마대사의 게송의 뜻을 취하였으니, 그대들 미혹한 사람들은 이 게송을 의지하여 수행하면 반드시 자성(自性)을 깨달으리라.』

第一頌曰 (제일송왈)

心地(심지)에　邪花放(사화방)하니

五葉(오엽)이　逐根隨(축근수)하여

共造無明業(공조무명업)하여

見被業風吹(견피업풍취)로다

第二頌曰 (제이송왈)

心地(심지)에　正花放(정화방)하니

五葉(오엽)이　逐根隨(축근수)하여

共修般若惠(공수반야혜)하여

當來佛菩提(당래불보리)로다

六祖說偈已了(육조설게이료)하고　放衆生(방중생)

첫째 게송에 말씀하셨다.

마음 바탕에 삿된 꽃이 피니, 다섯 잎

이 뿌리를 좇아 따르고

함께 무명의 업을 지어, 업의 바람에

나부낌을 보는도다.

둘째 게송에 말씀하셨다.

마음 바탕에 바른 꽃이 피니, 다섯 잎

이 뿌리를 좇아 따르고

함께 반야의 지혜를 닦으니, 장차 올

부처님의 지혜로다.

육조대사께서 게송을 말씀하여 마치시

散산하니
門人문인이　出外思惟출외사유하여　即즉
知大師不久住世지대사불구주세니라

六祖後至八月三日육조후지팔월삼일하여　食식
後후에　大師言대사언하되　汝等著여등착
位坐위좌하라　吾今共汝等別오금공여등별하
리라
法海問言법해문언하되　此頓教法傳차돈교법전
授수는　從上已來종상이래로　至今幾지금기
代대닛고

고 대중을 해산시켰다.

밖으로 나온 문인들은 생각하였으니、

대사께서 세상에 오래 머물지 않으실 것

임을 알았다.

그 뒤 육조대사께서는 팔월 초삼일에

이르러 공양 끝에 말씀하셨다.

『그대들은 차례를 따라 앉으라. 내 이

제 그대들과 작별하리라.』

법해가 여쭈었다.

『이 돈교법의 전수는 옛부터 지금까지

몇 대입니까?』

六祖言初傳授七佛하니

釋迦牟尼佛은 第七이라

大迦葉 第八、

阿難 第九、

末田地 第十、

商那和修 第十一、

優婆掬多 第十二、

提多迦 第十三、

佛陀難提 第十四、

佛陀蜜多 第十五、

육조대사께서 말씀하셨다.

『처음은 일곱 부처님으로부터 전수되었으니、 석가모니불은 그 일곱째이시다.

대가섭은 제 팔、

아난은 제 구、

말전지는 제 십、

상나화수는 제 십일、

우바국다는 제 십이、

제다가는 제 십삼、

불타난제는 제 십사、

불타밀다는 제 십오、

脇比丘（협비구）第十六、
富那奢（부나사）第十七、
馬鳴（마명）第十八、
毗羅長者（비라장자）第十九、
龍樹（용수）第二十、
迦那提婆（가나제바）第廿一、
羅睺羅（라후라）第廿二、
僧迦那提（승가나제）第廿三、
僧迦耶舍（승가야사）第廿四、
鳩摩羅馱（구마라타）第廿五、
闍耶多（사야다）第廿六、

협비구는 제 십육、

부나사는 제 십칠、

마명은 제 십팔、

비라장자는 제 십구、

용수는 제 이십、

가나제바는 제 이십일、

라후라는 제 이십이、

승가나제는 제 이십삼、

승가야사는 제 이십사、

구마라타는 제 이십오、

사야다는 제 이십육、

婆修盤多（바수반다）第廿七、

摩拏羅（마나라）第廿八、

鶴勒那（학륵나）第廿九、

師子比丘（사자비구）第三十、

舍那婆斯（사나바사）第三十一、

優婆堀（우바굴）第三十二、

僧迦羅（승가라）第三十三、

須婆蜜多（수바밀다）第三十四、

南天竺國 王子（남천축국 왕자 제삼자）第三子

菩提達磨（보리달마）第三十五、

唐國僧 惠可（당국승 혜가）第三十六、

바수반다는 제 이십칠、

마나라는 제 이십팔、

학륵나는 제 이십구、

사자비구는 제 삼십、

사나바사는 제 삼십일、

우바굴은 제 삼십이、

승가라는 제 삼십삼、

수바밀다는 제 삼십사、

남천축국 왕자 셋째 아들

보리달마는 제 삼십오、

당나라 스님 혜가는 제 삼십육、

僧璨_{승찬} 第三十七、

道信_{도신} 第三十八、

弘忍_{홍인} 第三十九、

惠能自身_{혜능자신}은　當今受法_{당금수법}　第

四十이니라

大師言_{대사언}　今日已後_{금일이후}로　遞相_{체상}

傳授_{전수}하여　須有依約_{수유의약}하여

莫失宗旨_{막실종지}하라

法海又白_{법해우백}　大師今去_{대사금거}에　留_유

付何法_{부하법}하여　令後代人_{령후대인}으로

승찬은 제 삼십칠,

도신은 제 삼십팔,

홍인은 제 삼십구,

나 혜능이 지금 법을 받은 것은 제 사

십대이니라.』

대사께서 말씀하셨다.

『오늘 이후로는 서로서로 전수하여 모

의지하고 믿어서 종지를 잃

지 말도록 하여라.』

법해가 또 여쭈었다.

『대사님께서 이제 가시면 무슨 법을 부

如何見佛고　六祖言　汝聽하
라　後代迷人이　但識衆生
하면　卽能見佛이요　若不
識衆生하면　覓佛萬劫하여
도　不得見也니라　吾今教
汝하여　識衆生하여　見佛
하며　更留見眞佛解脫頌하
리니　迷則不見佛이요　悟
者卽見이니라

촉하여 남기시어, 뒷세상 사람으로 하여

금 어떻게 부처님을 보게 하시렵니까?』

육조대사께서 말씀하셨다.

『그대들은 들으라. 뒷세상에 미혹한 사

람들이 중생을 바로 알면 바로 능히 부처

를 볼 것이니라. 만약 중생을 바로 알지

못하면 만겁토록 부처를 찾아도 보지 못

하리라. 내가 지금 그대들로 하여금 중생

을 바로 알아서 부처를 보게 하려고 다시

[참부처를 보는 해탈의 노래(見眞佛解脫

頌)]를 남기리니, 미혹하면 부처를 보지

法海願聞하노니　代代流
傳하여　世世不絶하리다

六祖言　汝聽하라　吾與汝
說하리라　後代世人이　若
欲覓佛이면　但識自心衆生
하면　即能識佛이니
即緣有衆生하여　離衆生無
佛心이니라。

못하고 깨달은 이는 바로 보느니라.』

법해가 여쭙기를 『법해는 듣기를 바라
오며 대대로 유전하여 세세생생에 끊어지
지 않게 하리이다.』

대사께서 말씀하셨다. 『그대들은 들으
라. 내 그대들을 위하여 말하여 주리라.
만약 뒷세상 사람들이 부처를 찾고자 한다
면 오직 자기 마음의 중생을 알지니、 그러
면 바로 능히 부처를 알게 되는 것이니、
본래로 중생과 인연이 있기 때문이며 중생
을 떠나서는 부처의 마음이 없느니라.』

迷卽佛이 衆生이요

悟卽衆生이 佛이며

愚痴면 佛이 衆生이요

智惠는 衆生이 佛이니라

心險하면 佛이 衆生이요

平等하면 衆生이 佛이니

一生에 心若險하면

佛在衆生中이로다

一念悟若平하면

卽衆生이 自佛이니

我心自有佛이라

미혹하면 부처가 중생이요

깨달으면 중생이 부처니라

어리석으면 부처가 중생이요

지혜로우면 중생이 부처이니라.

마음이 험악하면 부처가 중생이요

마음 평정(平正)하면 중생이 부처이니라.

한평생 마음이 험악하면

부처가 중생 속에 있도다.

한 생각 깨달아 마음 평정하면

바로 중생 스스로 부처며

내 마음에 스스로 부처가 있음이라.

自佛이　是眞佛이니

自若無佛心하면

向何處求佛고

大師言하되　汝等門人은

好住하라　吾留一頌하노니

名自性眞佛解脫頌이라　後

代迷人이　聞此頌意하면

即見自心自性眞佛하리니

與汝此頌하여　吾共汝別하

노라

자기 부처가 참부처이니

만약 자기에게 부처의 마음이 없다면

어느 곳을 향하여 부처를 구하리오.』

대사께서 말씀하셨다.

『그대들 문인(門人)들은 잘 있거라. 내

가 게송 하나를 남기리니 [자성진불해탈

송](自性眞佛解脫頌)이라고 이름하느니

라. 뒷세상에 미혹한 사람들이 이 게송의

뜻을 들으면 바로 자기의 마음, 자기 성

품의 참부처를 보리라. 그대들에게 이 게

송을 주면서 내 그대들과 작별하리라.』

頌曰

게송을 말씀하셨다.

眞如淨性이　是眞佛이요

진여의 깨끗한 성품이 참부처요

邪見三毒이　是眞魔라

삿된 견해의 삼독(탐·진·치)이 곧 참마군(魔軍)이니라.

邪見之人은　魔在舍하고

삿된 생각 가진 사람은 마군이 집에 있고,

正見之人에는　佛則過로다

바른 생각 가진 사람은 바로 부처가 들르는도다.

性中邪見三毒生이니

성품 가운데서 삿된 생각인 삼독이 나나니,

卽是魔王來住舍요

곧 마왕이 와서 집에 살고

正見自除三毒心하면

바른 생각이 삼독의 마음을 스스로 없애면

魔變成佛眞無假로다

化身報身淨身이여

三身이 元本是一身이니

若向身中覓自見하면

卽是成佛菩提因이니라

本從化身生淨性이라

淨性이 常在化身中하니

마군이 변하여 부처되나니、 참되어 거짓이 없도다.

화신과 보신과 정신(淨身)이여

세 몸이 원래로 한 몸이니

만약 자신(自身)에서 스스로 깨달음을 찾는다면

곧 부처님의 깨달음을 성취하는 씨앗이니라.

본래 화신으로부터 깨끗한 성품이 나나니、

깨끗한 성품은 항상 화신 속에 있고

性使化身行正道하면

當來圓滿眞無窮이로다

除婬卽無淨性身이라

婬性이　本身淸淨因이니

性中에　但自離五欲하면

見性刹那卽是眞이로다

성품이 화신으로 하여금 바른 길을 행하게 하면

장차 원만하여 참됨이 다함 없도다.

음욕의 성품은 본래 몸의 깨끗한 씨앗이니,

음욕을 없애고는 깨끗한 성품의 몸도 없느니라.

다만 성품 가운데 있는 다섯 가지 욕심을 스스로 여의면

찰나에 성품을 깨치나니 그것이 바로 참(眞)이로다.

今生(금생)에 若悟頓教門(약오돈교문)하면

悟即眼前見世尊(오즉안전견세존)이니

若欲修行云覓佛(약욕수행운멱불)인댄

不知何處欲求眞(부지하처욕구진)고

若能身中自有眞(약능신중자유진)하면

有眞即是成佛因(유진즉시성불인)이니

自不求眞外覓佛(자불구진외멱불)하면

去覓惣是大痴人(거멱총시대치인)이로다

만약 금생에 돈교(頓教)의 법문을 깨달으면

바로 눈 앞에 세존을 보려니와

만약 점차로 수행하여 부처를 찾는다면

어디서 참됨을 구할지 모르는도다.

만약 자기 몸 가운데 본래로 참됨 있다면

그 참됨 있음이 바로 성불하는 씨앗이니라.

스스로 참됨을 구하지 않고 밖으로 부처를 찾으면

가서 찾는 모두가 크게 어리석은 사람

頓教法門을　今已留하니

이로다.

돈교의 법문을 이제 남겼나니

救度世人須自修하라

세상 사람들 구제하고 모름지기 스스로
닦으라.

今報世間學道者하노니

이제 세간의 도(道)를 배우는 이에게
알리노니,

不依此是大悠悠로다

이러한 가르침에 의지하지 않으면 실로
부질없는 일이로다.

大師說偈已了하고　遂告門

대사께서 게송을 말씀해 마치시고 드디

人曰汝等은　好住하라　今

어 문인들에게 알리셨다.

共공汝여別별하리라　吾오去거已이後후에

莫막作작世세情정悲비泣읍하며　而이受수人인

弔조問문錢전帛백하며　著착孝효衣의하라

卽즉非비聖성法법이며　非비我아弟제子자니

라　如여吾오在재日일一일種종하여　一일

時시端단坐좌하여　但단無무動동無무靜정하

며　無무生생無무滅멸하며　無무去거無무

來래하며　無무是시無무非비하며　無무

住주無무往왕하여　坦탄然연寂적靜정하면

卽즉是시大대道도니라　吾오去거已이後후에

但단依의法법修수行행하면　共공吾오在재日일

『그대들은 잘 있거라. 이제 그대들과 작별하리라. 내가 떠난 뒤에 세속의 인정으로 슬피 울거나, 사람들의 조문과 돈과 비단을 받지 말며, 상복을 입지 말라. 그런 짓은 성인의 법이 아니며 나의 제자가 아니니라.

내가 살아있던 때와 한가지로 모두 단정히 앉아서 움직임도 없고 고요함도 없으며, 남(生)도 없고 없어짐(滅)도 없으며, 감(去)도 없고 옴(來)도 없으며, 옳음도 없고 그름도 없으며, 머무름도 없고

一種_{일종}이요 吾若在世_{오약재세}라도

汝違教法_{여위교법}하면 吾住無益_{오주무익}이

니라 大師云此語已_{대사운차어이}하고

夜至三更_{야지삼경}에 奄然遷化_{엄연천화}하니

大師春秋七十有六_{대사춘추칠십유육}이러라

감도 없어서 탄연(坦然)히 적정(寂靜)하

면 이것이 큰 도(道)이니라.

내가 떠난 뒤에 오직 법에 의지하여 수

행하면 내가 있던 날과 한가지일 것이나,

내가 만약 세상에 있더라도 그대들이 가

르침을 어기면 내가 있은들 이익이 없느

니라.』

대사께서 이 말씀을 마치시고 밤 삼경

에 이르러 문득 돌아가시니, 대사의 춘추

는 일흔여섯이었다.

大師滅度之日에 寺內異
香氳氣하여 經數日不散하
니 山崩地動하고 林木變
하며 日月無光하고 風
雲失色이러라 八月三日에
滅度하고 至十一月하여
니라.
迎和尙神座於曹溪山葬하
니 在龍龕之內에 白光이 出
現하여 直上衝天하여 二
日始散하니 韶州刺使韋璩
立碑하여 至今供養하니라

대사께서 돌아가신 날, 절 안은 기이한

향내가 가득하여 여러 날이 지나도 흩어

지지 않았고, 산이 무너지고 땅이 진동하

며 숲의 나무가 희게 변하고 해와 달은

광채가 없고 바람과 구름이 빛을 잃었나

니라.

팔월 삼일에 돌아가시고 동짓달에 이르

러 대사의 영구를 모시어 조계산에 장사

지내니 대사의 용감(龍龕) 속에서 흰 빛이

나타나 곧게 하늘 위로 솟구치다가 이틀만

에 비로소 흩어졌으며, 소주 자사 위거는

此壇經은　法海上座集이라

上座無常하니　付同學道漈

하고　道漈無常하니　付門

人悟眞하여　悟眞은　在嶺

南曹溪山法興寺하여　見今

傳授此法하니라

如付此法인댄　須得上根智

니　心信佛法하여　立大悲

持此經하여　以爲依承하여

於今不絶이로다

비(碑)를 세우고 지금까지 공양하니라.

이 단경은 상좌인 법해스님이 모아 기록한 것이다. 법해스님이 돌아가니 같이 배운 도제스님에게 부촉하였고, 도제스님이 돌아가니 문인 오진스님에게 부촉하였는데, 오진스님은 영남 조계산 법흥사에서 지금 이 법을 전수하니라.

만약 이 법을 부촉하려면 모름지기 상근기의 지혜라야 하며, 마음으로 불법을 믿어 큰 자비를 세우고 이 경을 의지 삼아 이어받아서 지금까지 끊이지 않느니라.

和尚^{화상}은 本是韶州曲江縣人^{본시소주곡강현인}

也^야라 如來入涅槃^{여래입열반}하고 法^법

教流東土^{교류동토}하여 共傳無住^{공전무주}하

니 即我心無住^{즉아심무주}라 此眞菩^{차진보}

薩^살이 說眞宗^{설진종}하고 行實喩^{행실유}

하여 唯教大智人^{유교대지인}하니 是^시

旨依^{지의}라 凡度誓修修行行^{범도서수수행행}하

여 遭難不退^{조난불퇴}하며

법해스님은 본래 소주 곡강현 사람이

다. 여래께서 열반하시고 법의 가르침이

동쪽 땅으로 흘러서 머무름이 없이 함께

전하니, 바로 나의 마음(我相^{아상})이 없음이

로다.

이 진정한 보살이 참된 종지를 설하고

진실한 비유를 행하여 오직 큰 지혜의 사

람만을 가르치나니, 이것은 근본 뜻을 의

지하는 바이니라.

무릇, 중생을 제도하기를 서원하고 많

은 수행을 거듭하여 어려움을 만나서 물

遇^우苦^고能^능忍^인하여　福^복德^덕深^심厚^후라

方^방授^수此^차法^법이요　如^여根^근性^성이

不^불堪^감하고　材^재量^량이　不^부得^득하

면　須^수求^구此^차法^법하나　違^위律^률不^부

德^덕者^자는　不^부得^득妄^망付^부壇^단經^경이라

告^고諸^제同^동道^도者^자하여　令^령知^지密^밀意^의

하노라

러서지 않고、괴로움을 만나서도 능히 참

아 복과 덕이 깊고 두터워야만 떳떳하게

이 법을 전할 것이니라.

만약 근성이 감내하지 못하고 재량(才

量)이 좋지 못하면 모름지기 이 법을 구

하더라도 율법(律法)을 어긴 덕없는 이에

게는 함부로 『단경』을 부촉하지 말 것이

니、도를 같이 하는 모든 이에게 알려 비

밀한 뜻을 알게 하노라.

(마침) 了

돈황본단경 영인본 影印本

南宗頓教最上大乘摩訶般若波羅蜜經

六祖惠能大師於韶州大梵寺施法壇經卷

兼受無相戒弘法弟子法海集記

惠能大師於大梵寺講堂中昇高座說摩訶

般若波羅蜜法受無相戒其時座下僧尼道俗三万餘人韶

刺史韋據及諸官寮三十餘人儒士餘人同請大師說摩

訶般若波羅蜜法刺史遂令門人僧法海集記流行後

代與學道者承此宗旨迤相傳授有所於約以為稟

承說此壇經能大師言善知識淨心念摩訶般若波羅蜜

法大師不語自心淨神良久乃言善知識淨聽惠能慈

父本官范陽左降遷流南新州百姓惠能幼小父小早云

老毋孤遺移來海㬱艱辛貧之於市買柴忽有一客買柴

遂頌惠能至於官店客將柴去惠能得錢却向門前

忽見一客讀金剛經惠能聞心名便悟乃問客曰從何慶

来持此經典客荅曰我於蘄州黄梅縣東馮墓山礼

五祖弘忍和尚見金在碓門人有千餘眾我於彼聽見大師

勸道俗但持金剛經一卷即得見性直了成佛惠能聞說宿

業有緣便即辭親往黃梅憑墓山礼拝五祖弘忍和

尚問惠能曰汝何方人來此山礼拝吾汝今向吾身邊復

求何物惠能荅曰弟子是領南人新州百姓今故遠來

礼拝和尚不求餘物唯求佛法作大師遂責惠能曰汝

是領南人又是獦獠若為堪作佛惠能荅曰人即有南

北佛姓即無南北獦獠身與和尚不同佛性有何差別

大師欲更共議見左右在傍邊大師更不言遂發遣惠

能金隨眾作務時有一行者遂差惠能於碓坊踏碓八

個餘月五祖忽於一日喚門人盡來門人集記五祖曰吾

向為説世人生死事大汝等門人然曰供養只求福田

不求出離生死苦海汝等自姓迷福門何可救汝汝數

且歸房自着有知惠者自取本姓般若知之各作一偈

呈呈吾吾看汝偈若吾大意者付汝衣法禀為六代火

悉々門人得處各却來各至自房逓相謂言我等不湏星

八用意作偈將呈和尚神秀上座是教授師秀上座

得法後自可於止諸人息心盡不敢呈偈時

大師堂前有三間房廊於此廊下供養欲畫楞伽變并

畫五祖大師傳授衣法流行後代為記畫人盧玲看壁

了明日下手上座神秀思惟諸人不呈心偈緣我為教授

師教若不呈心偈五祖如何得見我心中見解深淺我

將心偈上五祖呈意即善求法貪祖不善却同凡

心棄其聖位　若不呈心衣　不得法良久思惟甚々

甚々難々夜至三更不令人見遂向南廊下中間
壁上題作呈心偈欲求於法若五祖見偈言此偈語
若訪我我宿業障重不合得法聖意難測我
心自息秀上座三更於南廊下中間壁上秉燭題
作偈人盡不知　偈曰
身是菩提樹　心如明鏡臺　時時勤佛拭　莫使有塵埃
神秀上座題此偈畢却房卧並無人見五祖平旦遂喚
盧供奉來南廊下畫楞伽變五祖忽見此偈讀記乃謂
供奉曰弘忍與供奉錢三十千深勞遠來不畫變相
也金剛經云凡所有相皆是虛妄不如流此偈令迷人誦
依此偈行不墮三惡依法行人有大利益大師遂喚門
人盡來焚香偈前人眾人見皆生敬心汝等盡誦此

偈者方得見性於此偈行即不墮落門人盡誦皆生

敬心嘆言善哉或五祖遂喚秀上座於堂内門是汝作

偈否若是汝作應得我法秀上座於言罪過竟是神

秀作不敢求祖鄰和尚慈悲看弟子有小智惠識

大意否五祖曰汝作此偈見即未到只到門前堂未得

入凡夫於此偈修行即不墮落作此見解若覓无上

菩提即未可得須入得門見自本姓沒旦去一兩日來思

惟更作一偈來呈吾若八得門見自本姓當付汝衣法秀

上座去數日作不得有一童子於碓坊邊過唱誦此

偈惠能一聞知未見姓即識大意惠聞童子適来誦

者是何言偈童子卷能曰你不知大師言生无是大

欲傳於法合門人等各作一偈来呈看悟大意即

付汝法稟為六代褐有一上座名神秀忽於南廊下

書无相偈一首五更令諸門人畫誦念偈者即見自

姓依此修行即得出離惠能荅曰我此踏碓八箇餘月

未至堂前望上人引惠能至南廊下見此偈礼拜亦

能誦印結来生緣能生佛地童子引能至南廊下

能即礼拜此偈為不識字請一人讀惠問已即識

大意惠能亦作一偈又請得一解書人於西間壁上

提著呈自本心不識本心學法无益識心見姓即吾意

惠能偈曰

菩提本无樹　明鏡亦无臺　佛姓常清淨　何處有塵埃

又偈曰

心是菩提樹　身為明鏡臺　明鏡本清淨　何處染塵埃

院內從眾見能作此偈盡怪惠能却入碓坊

忽見惠能但即善知識大意恐眾人知五祖乃謂眾人

日此亦未得了五祖夜至三更喚惠能堂內說金剛經

惠能一聞言下便悟其夜受法人盡不知便傳頓法

及衣汝為六代祖衣持為信稟代代相傳法以心

傳心當令自悟五祖言惠能自古傳法氣如懸

絲若住此間有人害汝即須速去能得衣法三更

發去五祖自送能於九江驛登時便悟祖處分汝去努

力將法向南三年勿弘化難去在後弘化善誘迷人若

得人開悟無別疑達已了便發向南兩月中間至

大庾嶺不知向後有數百人來欲擬頭惠能奪於

法來至半路盡總却迴惟有一僧姓陳名惠順

先是三品將軍性行慈惡直至韶嶺上來趁把善惡

能即遠來承又不肯即妖彼遠來求法不要其衣

能嶺上便傳法惠惠順得聞言下心開他便惠

惠即却向北化余眾惠能來承此地與諸官寮

道俗亦有累劫之因教是先性所傳不是惠能自

知能聞先性教者各須淨心聞了願自除迷於先

代悟選惠能大師喚言善知識菩提般若之知世人本

自有之即緣心迷不能自悟須求大善知識示道見性

善知識遇悟即發智善知識我此法門以定惠為本

第一勿迷言惠定別定惠躰一不二即定是惠躰即惠

是定用即惠之時定在惠即念之時惠在定善知識

此義即是惠等學道之人作意莫言先定發

惠先惠教示宗旨惠各別作此見者法有二相口說善
心不善惠定不等心口俱善内外一種定惠即等自悟
修行不在口諍若諍先後即是人不斷勝負却生法
我不離四相一行三昧者於一切時中行住坐卧常真
真心是淨名經云真心是道場真心是淨土真心行
謟曲口說法直口說一行三昧不行真心非佛弟子但
行真心於一切法元上有執著名一行三昧迷人著法相執
一行三昧真心座不動除妄不起心即是一行三昧若如
是此法同無情却是障道因緣道順通流何以却滯
心住在即通流任彼縛著座不動是維摩詰不合
呵舍利弗宴座林中善知識又見有人教人座看心
看淨不動不起從此置功迷人不悟便執成

顛即有數百般如此教道者故之大錯善知識至

惠猶如何等如燈光有燈即有光无燈即无光燈是

光知躰光是燈之用即有二躰無兩般此之法亦復

如是善知識法无頓漸人有利鈍明即漸勸語人頓

從識自本是見本性悟即元无差別不悟即長却

輪迴善知識我自法門從上已来頓漸皆立无念

无宗无相无躰无住為本何明為相无相於相而離

相无念者於念而不念无住者為人本性念念不住前念

念念後念念相讀无有斷絶若一念斷絶法身即是離

色身念念時中於一切法上无住一念若住念念即住名繋縛

於一切法上念念不住即无縛也以无住為本善知識外

離一切相是无相但躰離相性躰清淨是是以无相

為辨於一切頓上不染名為无念於自念上離鏡不不生

法上念念不住即除却一念斷即无別處受

坐却道者用心莫不息法意自錯尚可更勸他人迷

不自見迷又諸經法是以五无念為宗即緣名人於鏡

上有念念上便去邪見一切塵勞妄念從此而生然此教

門立无念為宗世人離見不起於念若無有念无念亦

不立无有者无何事念者何物无者離二相諸塵勞妄真

如是念之躰念是真知之即性起念雖即見聞覽之不染

乃鏡而常自在 維摩經云外能善分別諸法相內於弟

淨亦不言動善言者心元是妄一妄如劫故无所著

一象而不動善諸識此法門中二座禪元不着心亦不着

也若言者淨人姓本淨為妄念故盖覆真如離妄

念本姓淨不見自姓本淨心起善淨却生淨妄妄元處所

知者者看却是妄也淨无形相却立淨相言是切夫作此見

者章自本姓却被淨縛若不動者見一切人過患是性

不動迷人自身不動開口即說人是非為道違背善

者淨却是障道因緣今記汝是此法門中何名座禪

此法門中一切无导於一切境界上念不去為座見本姓

不亂為禪何名為禪定外離相曰禪由不亂曰定外若有

相內姓不亂本自淨自定只緣境觸觸即亂離相不

乱即定外離相即禪內外不乱即定外禪內定之故名

禪定雖摩經云即是豁然還得本心菩薩戒云本湏自

姓清淨善知識見自姓自淨自作自姓法身自行

佛行自作自成佛道善知識惣湏自躰扵受无

胡跪一時逐惠能口道令善知識見自三身佛於自色身

歸依清淨法身佛於自色身歸依千百億化身佛於自色

身歸依當來圓滿報身佛巳上巴身是舍宅不可言歸向者

三身在自法性世人盡有為迷不見外覓三如來不見自色身中

二性佛善知識聽汝善知識說令善知識衣自色身見自

法性有三世佛此三身佛從性上生何名清淨身佛善知識

世人性本自淨一万法在自姓思量一切事即行衣惡思量

一切善事便修於善行如是一切法盡在自姓自姓常清

淨日月常名只為雲覆盖上名暗不能了見日月西辰忽

遇惠風吹散卷盡雲霧刀像森羅一時皆現世人性淨

猶如清天惠如日智如月智惠常名於外者教妄念浮雲盖覆

自姓不能明故遇善知識開真法吹却名妄內外名徹於

自姓中万法皆見一切法自在姓名為清淨法身自歸衣者

除不善行是名歸衣何名為千百億化身佛不思量性

即度苦思量即是自化思量惡法化為地獄恩
善法化為天堂毒害化為畜生慈悲化為菩薩智惠化為
上界愚癡化為下方自姓變化甚多迷人自不知見一念善知惠
即生一登能除千年闇一智能滅萬年愚莫思向前常思於後
常後念善名為報身（念惡報卻千年善心一念善報卻千年惡念三
無常已來後念善名為報身從法身思量即是化身念念善即是
報身自悟自修即名歸依也皮肉是色身是舍宅不在歸依但悟三
身即識大意今既自歸依三身佛已向善知識發四弘大願善
知識一時逐惠能道眾生無邊誓願度煩惱無邊誓願斷
法門無邊誓願學無上佛道誓願成善知識眾生無邊誓
能度不是惠能度善知識心中眾生各於自身自姓自度何名
自姓自度自色身中邪見煩惱愚癡名妄自有不覺性將
正見度既悟正見般若之智除卻愚癡迷妄眾生各々自度
邪見正度迷來悟度愚來智度惡來善度煩惱來菩薩度
如是度者是名真度煩惱無邊誓願斷自心除虛妄

法門无邊誓願學，无上正法无上佛道誓願成常下

心行茶敬一切塵勞妄念知定般若除却迷妄即自悟佛

道成行誓願力今既發四弘誓願訖為善知識无相懺

悔三世罪障大師言善知識前念後念及今念念不被愚

迷染從前惡行一時自姓若除即是懺悔前念後念及

今念念被愚癡染除却從前矯誑心永斷名為自姓懺

前念後念及念念不被疾染除却從前疾妒心自姓若

除即是懺悔善知識何名懺悔者終身不作悔者知

於前非惡業恒不離心諸佛前口說无益此法門中

斷不作名為懺悔今既懺悔己為善知識受无相三歸依

戒大師言善知識歸衣覺兩足尊歸衣正離欲尊衣淨

衆中尊從今己後稱佛為師更不歸衣餘邪迷外道者

自三寶慈悲證名善知識惠能勸善知識歸衣三寶

佛者覺也法者正也僧者淨也自心歸依覺邪名

不生少欲知足離財離色名兩足尊自心歸正念念無邪故即無愛著次無愛著名眾中尊自心歸淨一切塵勞愛念雖在自色姓不染著名眾中尊凡夫不解從日至日受三歸衣戒若言歸佛佛在何處若不見佛即無所歸言自歸佛佛在何處若不見佛即無所歸既無所歸言却是妄善知識各自觀察莫錯用意即言自歸依佛不言歸他佛自姓不歸無所處今既自悟本三寶憨各至心自善知識說摩訶般若波羅蜜

法善知識愚念不解惠能而說各各聽摩訶般若波羅蜜者西國梵語唐言大智惠彼岸到此法須行不在口念口念如化修行者法身與佛等也何名摩訶者是大心量廣大猶如虛空莫定心座即落无既空能含日月星辰大地山河一切草木恶人善人惡法善法天堂地獄盡在空中世人性空亦復如是性含万法是大万法盡是自姓見一切人及非人惡知為善惡法善法盡皆不捨不可染著由如虛空名

之為大此是摩訶行迷人口念

為大此亦不是心量大不行是少口空說不修此行非我弟子

何名般若般若是智惠一時中念々不愚常行智惠

若行一念愚即般若絕一念智即般若生心中常愚我脩般若

无形相智惠性即是何名波羅蜜此是西國梵音言彼岸到解

義離生滅著境生滅起如水有波浪即是於此岸離境无生

滅如水永長流故即名到彼岸故名波羅蜜迷人口念智者心行

當念時有妄々即非真有念々若行是名真有悟此法者悟

般若法脩般若行不脩即凡一念脩行法身等佛善知識即煩惱是

菩提捉前念迷即凡後念悟即仏善知識摩訶般若波羅蜜

最尊最上第一无住无去无來三世諸仏從中出大智惠到

彼岸打破五陰煩惱塵勞最尊最上讚最上乘法脩行

定成佛无去无住无來往是定惠寺不染一切法三世諸仏從

中變三毒為戒定惠善知識我此法門從八万四千智惠何以

故為世有八万四千塵勞若無塵勞般若常在不離自

姓悟此法者即是无念无億无著莫去誰妄即自是真如
用知惠觀照於一切法不即不捨即見姓成仙道善知識若
欲入甚梁法界入般若三昧者直須般若波羅蜜行但持
金剛般若波羅蜜經一卷即得見性入般若三昧當
知此人切德无量無中外名讚嘆不能具信此是最上乘法
為大智上根人說少根人若聞法心不生信何以故譬如大龍
若下大雨雨於閻浮提如漂草葉若下大雨雨於大海
不增不減若大乗者聞說金剛經心開悟解故知本性
自有般若之智自用知惠觀照不假文字譬如其雨水
不從无有是龍王於江海中將身引此水令一切衆生
一切草木一切有情无情悉皆像潤諸水衆流却入大海
海納衆水合為一躰衆生本性般若之智亦復如是少
根之人間說此頓教猶如大地草木根性自少者若被大雨
一沃悉皆自倒不能增長少根之人亦復如是有般若

之智之與大智之人亦無差別因何聞法即不悟緣邪見

障煩惱根深猶如大雲覆蓋於日不得風吹日無能現般若

之智亦無大小為一切眾生自迷心外修覓佛未悟自性即是

小根人聞其頓教不信外修但於自心令自本性常起正見煩

惱塵勞眾生當時盡悟猶如大海納於眾流小水大水合為一體

即是見性內外不住來去自由能除執心通達無礙心行即是

般若波羅蜜本無差別一切經書及文字小大二乘十二部經

皆因人置因智惠性故然能建立我若無智一切萬法本無

不有故知萬法本從人興一切經書因人說有緣在人中有愚有智

愚為少故智為大故愚人問於智者智人與愚人說法令愚者

悟解深開走人若悟心開與大智人無別故知不悟即佛是眾

生一念若悟即眾生不是故知一切萬法盡在自身心中何不從

於自心頓現真如本姓善知識我本經云我本願自姓清淨識心見

姓自成佛道即時豁然還得本心善知識於忍和尚處

一聞言下大悟頓見真如本性是故波教法流行後代令學道

者頓悟菩提各自觀心令自本懷頓悟若能自悟者須覓

大善知識亦道見姓何名大善知解最上乗法直是正

善知識是大因緣所胃化道令得見仏一切善法皆因大善知識

能菱起故三世諸仏十二部経云在人性中本自具有不能自姓

悟湏得善知識示道見性若自悟者不假外善知識若取外

善知識望得解説无有是處識自心内善知識即得解

善自心邪迷妄念顛倒外善知識即有教授汝若不得自悟

當起般若観照剎邪間亥念俱滅即是自真正善知識

一悟即知仏也自性心地以智恵観照内外名徹識自本心若

識本心即是解脱既得解脱即是般若三昧悟般若三昧

即是无念何名无念法者見一切法不著一切法遍一切處

不著一切處常淨自性使六賊従六門走出扵六塵中不離

不染来去自由即是般若三昧自在解脱名无念行莫百物

不思當令念絶即是法傳即名边見悟无念法者乃法

畫通悟无念法者見諸佛境界悟无念頓法者至佛位地善

知識後伐得悟法者常見吾法身不離汝右善知識將此

頓教法門同見同行發能受持如是佛故終身受持而不退

者欲入聖位然須傳受㸦從上已來默然而付於法荄大

善能不退菩提即須分付若不同見解无有志能在々

處勿妄宣傳損彼前人究竟无益若遇人不解謗此

法門百劫万劫千生斷佛種性大師言善知識聽悟說无相

訟今汝名者罪滅亦名滅罪頌曰

愚人修福不修道　謂言修福而是　布施供養福无邊　心中三業无衆在

若持修福欲滅罪　後世得福罪无造　若解向心除罪緣　各自世中真懺悔

善悟大乘真懺海　除邪正師无罪　學道之人能自觀　即与悟人同一例

大師令傳此頓教　願李之人同一躰　若欲當來覔夲身　三毒惡緣心中洗

功力從道事懃　忽然臺處一世休　善運大象類教法度誠金堂忘業

大師記諸今辛使君實僧寮道俗讚言无盡昔所未聞使君札

孫自言和尚說法實不思識弟子當有少疑欲問和尚望責和

尚大慈大悲為弟子說大師言有疑即問何湏再三使君問法可

不久是西國第祖達摩祖師栄育大師言是弟子見說達摩

大師代課武諸問達摩暁一生末来造寺布施供養有

有功德吾達摩答言並无功德武帝惆悵遂盡達摩岼

覽末審此言諸和尚說六祖言實无功德使君勿疑達摩

大師言武帝著邪道不識正法使君問何次无功德和尚言

造寺希施供養只是修福不可將福以為功德功德在法身非

在於福田自法性有功德平真是德仏性外行恭敬若

輕一切人悟我本斷即自无功德自性虛妄法身无功

德念念德行平等真心德即不輕常行於敬自修

身即自從身心即德切德自心作福而切德別武

帝不讀正理非祖大師有過使君礼拜又問弟子

見僧道俗常念阿彌大佛願往生西方諸和尚説

德生彼否望為破疑大師言使君聽惠能為説世尊

在舍衛國説西方引化經文分明去此不遠只為下根

説近説遠只緣上智人自兩重法无不衰悟有殊見

有遲疾迷人念佛生彼悟者自淨其心所以言佛道

其心淨則佛土淨使君東方但淨心无罪西方心不淨有

愆迷人願生東方西者在處並皆一種心但无不淨

西方去此不遠心起不淨之心念佛往生難到除惡即

行十万无八邪即過八千但行真心到如彈指侯

君但行十善何須更願往生不斷十惡之心何佛即來
迎請善悟无生頓法見西方只在剎那不悟頓教大乘
念佛往生路遠如何得達　六祖言惠能而使君
西方剎那間目前便見使君願見否使君礼拜若此
得見何須往生願和尚慈悲為現西方大善大師
言唐見西方无疑即散大衆愕然莫知何是大師日
大衆大衆作意聽世人自色身是城眼耳鼻舌身即是城
門外有六門內有意門心即是地性即是王性在王在
去王無性在身心存性去身壞佛是自性作莫向身求
自性迷佛即衆生自性悟衆生即是佛慈悲即是觀音
喜捨名為勢至能淨是釋迦平真是弥勒人我是須
弥邪心是大海煩惱是波浪毒心是惡龍塵勞是魚鼈

愚夫即是神鬼　三毒即是地獄　愚痴即是畜生　十善

天堂　我無人須彌自倒　除邪心海水竭　煩惱無波浪滅　毒害

宮除魚龍絕　自心地上覺性如來　施大智惠光明照曜

六門清淨　照破六欲諸天　下照三毒若除　地獄一時消滅

內外明徹　不異西方　不作此修　如何到彼　座下聞說讚聲

徹天　應是迷人　人然便見　使君禮拜　諸言善哉善哉　普願法界

眾生聞者　一時悟解　大師言　善知識　若欲修行　在家亦得　不

由在寺　在寺不修　如西方心惡之人　在家若修行　如東方人修善便

但自家修清淨　即是西方　使君問　和尚在家如何修　願為教授

大師言　善智識　惠能與道俗作無相頌　盡誦取　依此修行　常

惟傳教頓法　　一宗無別頌曰

　　　　　說通及心通　如日至虛空

修行在家法　　出世破邪宗　教即無頓漸

愚今不可迷　　說即雖萬般　合理還歸一

邪來田頓悟　　迷悟有遲疾　只此見性門

起心即是妄　　正來煩惱除　清淨至無餘

淨性於妄中　　邪正俱不用　菩提本清淨

但正除三障　　世間若修道　一切盡不妨

常現在己過，與道即相當。色類自有道，離道別覓道。覓道不見道

到頭還自懊。若欲見真道，行正即是道

若真修道人，不見世間過。若見世間非，自非卻是左

我非自有非，但自去非心，打破煩惱碎。若欲化愚人，自須有方便

勿令破彼疑，即是菩提見。他非我有罪

處夫出世間，邪見出世間。法元在世間，於世出世間。勿離世間上

亦名為大乘。迷來經累劫，悟則剎那間

盡誦取此偈，依偈修行，去惠能千里，常在能邊。依此不修到千

里。各各自修，法不相待，眾人且散。惠能歸漕溪山。眾生若有大疑來彼

山間為汝破疑，同見佛性。會眾官寮道俗，礼拜和尚，无不嗟嘆善

哉大悟，昔所未聞。嶺南有福，生佛在此，誰能得智。一時盡散。大師

往漕溪山，韶、廣二州行化四十餘年。若論門人僧之與俗，三五千人，說不

盡。若論宗指，傳授壇經，以此為依約，若不得壇經，即无禀受。須知

去處、年月日、姓名，遍相付囑。无壇經禀承，非南宗弟子也。未得

禀承者，雖說頓教法，未知根本，終不免諍。但得法者，只勸修

行。諍是勝負之心，與道違背。世人盡傳南宗能、北秀，未知根本

事由旦秀禪師於南荊府當陽縣玉泉寺住持修行志

縣大師於當州城東三十五里漕溪山住法即一眾人有南此

因此便立南北何以漸頓法即一種見有遲疾見遲即漸見

疾即頓法無漸頓人有利鈍故名漸頓神秀師常見人

說惠能法疾直言蹈秀師遂換門人僧志誠曰汝聰明多

智汝為吾至漕溪山到惠能所礼拜但聽莫言吾使汝

來所德意盲記取却來為吾說看惠能見解與吾

誰疾遲汝差早來勿令吾怪志誠奉使歡喜遂半月中

間即至漕溪山見惠能和當礼拜即聽不言來處志城

聞法下言便悟即契本心起立即礼拜自言和尚弟子從玉

泉寺來秀師處不德契悟聞和尚說便契本心尚和慈悲

鄭審敬示惠能大師曰汝從彼來應是細作志誠曰

未說暝即是說乃了即是云祖言煩惱即是菩薩亦復如是

大師謂志誠曰吾聞汝禪師教人

人戒定惠如何當為吾說志誠曰秀尚和言戒定惠誡

不作名為戒諸善奉行名為惠自淨其意名為定此即

名為戒定惠彼作如是說不知和尚所見如何惠能

和尚荅曰此說不可思議惠能所見又別志城問何以別

惠能荅曰見有運疾志誠請和尚說所見戒定惠大師言

如汝聽悟說看悟所見處心地無疑非自姓戒心地無亂

是自性定心地無癡自姓是惠能大師言汝戒定惠勸小

根諸人吾戒定惠勸上人得吾自亦不立戒定惠志城言請

大師說不立如何大師言自姓無非无亂无癡念々般若

觀照當離法相有何可立自姓頓修立有漸此契以不

立志誠礼拝便不離曹溪山即為門人不離大師左右又

有一僧名法達常誦法華經七年心迷不知正法之處經上有

疑大師智惠廣大能為時疑大師言法達法即甚達汝心

不達経上无癡汝心自邪而求正法妾心正定即是

持経吾一生已来不識文字汝将法華経来對

吾読一遍吾問即之法達即取経到對大師読一

遍六祖問已即識仏意便汝法達説法華経六

祖言法達法華經无多語七卷盡是譬喻内縁

如来廣説三乗只為世人根鈍経聞公朋无有餘乗

經一佛乗大師法達汝聽一佛乗莫求二仏乗迷却

汝聖経中何處是一仏乗汝為説経云諸仏世尊

燈汝一大事因緣故出現於世法如何解此義

如何後汝聽吾說人心不思本源空寂離卻邪見

即一大是同緣內外不迷即離兩邊外迷者相內迷

著空於相離相於空離空即是不空迷吾此法一念

心開出現於世心開何物開佛知見佛猶如覺也分為四

門開覺知見示覺知見悟覺知見入覺知見開示

悟入上二要入即覺知見自本性即得出世大師言

法達悟常於一切世人心地常自開佛知見莫開眾生

知見世人心愚迷造惡自開眾生知見世人心正起智慧

觀照自開佛智見莫開眾主智見開佛智見即出世大

師言法達此是法達經一卷法向下分三為各人故汝但

於一仏乘大師言法達心行轉法華不行法華轉心

正轉法華心耶法華轉開仏智見轉法華開報生

智見被法華轉大師言 勢力依法終行即是轉經

法達一聞以下大悟涕淚悲泣自言和尚實未僧轉

法華七本被法華轉已後轉法華念々從行佛行

大師言即佛行是佛其齛入元不悟者時有一僧

名智常來漕溪山礼拜和尚聞四乘法義智常

開和尚日仏説三乘又言最上乘弟子不解望為

教亦惠能大師日汝自身心見莫著外法相元无

四乘法人心不量四乗法有四乗見聞讀誦是小乗悟

俱備一切无離但離法相作无所德是最上乗々是

解義是中亲衣法従行是大乗万法盡通万幸

寂上行義不在口諍汝須自狻莫問悟已又有一僧名

神會南陽人也至漕溪山礼拜問言和尚神座

見亦不見大師起把打神會三下却問神會吾打

汝痛不痛神會荅言亦痛亦不痛六祖言吾

亦見亦不見神會又問大師何以亦見亦不見大師

言吾亦見常見自過患故云亦見亦不見者不見天地

人過罪所以亦見亦不也汝亦痛亦不痛如何神

會荅曰若不痛即同无情木石若痛即同凡即起

於恨大師言神會向前見不見是兩邊痛是生滅

汝自性且不見敢来弄人礼拜礼拜更不言大師

言汝心不見問善知識覓路汝悟自見依法脩

行汝自名不見自心却来問惠能見否吾不自知

代汝迷不得汝若自見代得吾迷何不自修問吾

吾神會作礼便為門人不離漕溪山中常在左

右大師遂喚門人法海志誠法達智常志通志徹

志道法珎法如神會大師言汝等拾弟子近前汝等

不同餘人吾藏度後汝各為一方頭吾教汝說法不失

本京舉科法門動三十六對出沒即離兩邊說一切莫

離於性利若有人問法出語盡雙皆取法對來去相

因究竟二法盡除更無去處三科法門者蔭界入蔭

是五蔭界十八界是十二入何名五蔭邑蔭受蔭想蔭行

蔭識蔭是何名十八界六塵六門六識何名十二入外

六塵中六門何名六塵邑聲香未觸法是何名六門

眼耳鼻舌身意是也生起六識眼識耳識鼻識

舌識身識意識六門六塵自性舍一万法名為舍

廣識思量即轉識生六識 出六門 六塵 是三...

由自性邪起十八邪含自性十八正含惡用即眾生善用

即佛用油何等油自性與外境無情對有五天與地對

日與月對暗與明對陰與陽對水與火對語與言對

法與相對有十二對有為無為有色無色對有相無

相對有漏無漏對色與定對動與淨對清與濁對

凡與聖對僧與俗對老與少對大與小對長與

短對高與下對自性居起用對有十九對邪與正

癡與惠對愚與智對亂與定對戒與非對直

曲典實對虛對嶮與平對煩惱與菩提對慈

與害對喜與瞋對捨與慳對進與退對生與滅對

常與无常對法身與色身對化身與報身對

躰為用對，性為相，有清無對，對言語句法相有十二

內外境有無五對，三身有三對，都合成三十六對法也

此三十六對法解用通一切經，出入即離兩邊，如何自性

起用，三十六對共人言語，出外於離相，內於空離空，著空

即惟長无名，著相推邪見，謗法直言不用文字，既云不

用文字，人不合言之語之，即是文字，自性上說空，正語

言本性不空，迷自惑語言除故，暗不自暗，以明顯明

多不自暗，以名變暗，以暗現明，明來去相因，三十六對亦復

如是。大師言十弟子，已後傳法，迎相教授一卷壇經，不失

本宗，不禀授壇經，非我宗旨，如今得了，迎代流行，得

遞葉經者，如見吾親授，僧得教授已，寫為壇經

遞代流行得者，必當見性，大師先天二年八月三日滅

庚七月八日喚門人告別大師先天二年於韶州新州
國恩寺造塔至先天二年七月告別大師言汝眾近前
吾至八月欲離世間汝等有疑早問為汝破疑當令
迷者盡使與安樂吾若去後無人教汝法海等眾僧
聞已涕淚悲泣唯有神會不動亦不悲泣六祖言神
會小僧卻得善等毀譽不動餘者不得數年
中更修何道汝今悲泣更有阿誰憂吾不知去處在
若不知去處終不別汝等悲泣即不知吾去處若知去
處即不悲泣性聽無生無滅無去無來汝等盡座吾
與汝一偈真假動靜偈與汝等盡誦取見此偈意汝吾
同於此修行不失宗旨僧眾禮拜請大師留偈敬心受
特偈曰　一切無有真　不以見於真　若見於真者　是見盡非真

若能自有真　離假即心真
自心不離假　无真何處真
有性即解動　无性即不動　若修不動行　同无情不動
若見真不動　動上有不動　不動是不動　无情无佛種
獤善分別相　第一義不動　若悟作此見　則是真如用
報諸學道者　努力須用意　莫於大乘門　却執生死智
前頭人相應　即共論佛語　若實不相應　合掌令歡善
此教本无諍　无諍失道意　執逆諍法門　自性入生死

眾僧聞偈讚大師意更不敢諍依法修行一時禮拜即知大
師不求住世上座法海向前言大師去後衣法當付
何人大師言法即付了汝不須問吾滅後二十餘年
邪法遼亂惑我宗盲有人出來不惜身命弟佛教
是非堅立吾宗盲即是吾宗法衣不合轉汝不信吾與諍
先伐五祖傳衣付法頌若據第一祖達摩頌意即不

第一祖達摩和尚頌曰

吾大來唐國　傳播救名情　一花開五葉　結菓自然成

第二惠可和尚頌曰

本來緣有地　送地種花生　當本無無地　花從何處生

第三祖僧璨和尚頌曰

花種雖因地　地上種化生　花種无性生　花地亦无生

第四祖道信和尚頌曰

花種有生性　因地種花生　先緣不和合　一切盡无生

第五祖弘忍和尚頌曰

有情來種下　无情花即生　无情又无種　心地亦无生

第六祖惠能和尚頌曰

心地含情種　法雨即花生　自悟花情種　菩提菓自成

緣大師言汝等聽吾作二頌取達摩和尚頌意汝迷

人依此頌修行必當見性　第一頌曰

心地邪花放　五葉逐根隨　共造无明業　見被業風吹

　　第二頌曰

心地正花放　五葉逐根隨　共隨般若惠　當來佛菩提

大祖說偈已了夜報眾生散門人出外恩惟即知大師

不久住世六祖後至八月三日食後大師言汝等善

位座五今共吾等別法海聞言此頌教法傳受從上

已來至今幾代　六祖言初傳受七仏釋迦牟尼佛第七

大葉迎　第八阿難　第九末田地　第十商那和修弟十一

優婆掬多　第十二提多迦　第十三仏陀難提弟古仏

陀羅多　第十五脇比丘　第十六那奢　第十七馬鳴弟

小作羅長者第十九敢樹尊者迊即羅提羅

联羅第廿二僧迊郁提第廿三僧迊郁舍第廿四馱

摩羅馱第廿五闍邪多第廿六婆修盤多第廿七摩

拏羅第廿八鶴勒郍第廿九師子比丘第卅舍郍婆

斯第卅一優婆堀第卅二僧迊羅第卅三須婆蜜多

第卅四南天竺國王子第三子菩提達摩第三十五唐

國僧惠可第三十六僧璨第三十七道信第三十八弘忍第

三十九惠能自身當今受法弟古大師言今日已後迊

相傳受須有依約莫失宗旨汝海又白大師今去留付何

法今後伐人如何見佛六祖言汝聽後伐迷人但識衆

生即能見仏若不識衆生覓仏万劫不得見也五今

覓汝識衆生見仏更留見真仏解脫頌迷即不見

悟者即見法海　能聞代之流傳世之不絕大祖言
疑吾沙弥説後代世人若欲覓佛但識佛心眾生即能識
佛即眾有眾離眾生無佛心
迷即佛眾生　悟即眾生佛　愚癡佛眾生　智惠眾生佛
心險佛眾生　平等眾生佛　一生心若險　佛在眾生中
一念吾若平　即眾生自佛　我心自有佛　自佛是真佛
自若無佛心　向何處求佛　大師言汝等門人好佳吾
留一頌名自性真佛解脱頌後代迷門此頌意之即見自心自
性真佛與汝此頌吾共汝別頌曰
真如淨性是真佛　邪見三毒是真魔　邪見之人魔在舍　正見知人佛則過
性眾邪見是眾生　即是摩王來住舍　正見忽則眾生　摩王變成佛真無假
化身報身及法身　三身元本是一身　若向身中覓自見　即是佛菩提因

邪迷身生淨性　　淨性常在花身　性使花身行正道　當來

邪性在身淨性因　除即煩惱無淨性身　性中但自離吾欲

見性剎那即是真　今生若吾頓教門　惚即眼前見性

若欲修行云覓佛　不知何處欲求真　若能身中有真

有真即是成佛因　自不求真外覓佛　去覓總是大癡人

頓教法者是西流　求度世人須自修

今保世間文字道者　不於此是大悠々

大師說偈已了　遂告門人曰汝寺好住全其法

別吾去已後莫作世情悲泣而受人弔問錢帛著

孝衣即非聖法非我弟子如吾在日一種一時端

壁但无動无淨无生无滅无去无來无是亦無

无住但然寂淨即是大道吾去已後但承法

僧行共吾在日一種吾羞奏世沙達傳法吾住

无盖大師云此語已夜至三更奄然遷化大

師春秋七十有六大師滅度諸田寺内異香

氲氲經數日不散山月地動林木變白日月

无光風雲失色八月三日遷度至十月迎和尚

神座於漕溪山葬在龍龕之内白光出現

直上衝天旬始散韶州刺使韋慶立碑至今

供養此壇經法海上座集上座无常付同

道之際之无常付門人悟之妻之在後□□

溥山法昊于見今傳受此法如付山法隨德歷上

恨知心信佛法立大悲柏此經以為衣承於今

不絕和尚本是韶州曲江縣人也如來入涅槃

法教流東土共傳无住即我心无住此真善

薩說真示行實喻嘿教大智人是二百衣九

度哲信終從行之遭難不退遠苦能忍福德

深原方授此法如根性不堪林量不得須求此法

遠立不德者不得受付壇經告諸同道者令諸

盡意

南宗頓教最上大乘壇經法一卷

무주당 청화 無住堂 淸華

- 1947년 24세에 백양사 운문암에서 금타화상을 은사로 출가하셔서
- 출가이후 50여 년 동안 사성암, 벽송사, 백장암, 상견성암, 상원암, 남미륵암, 칠장사 등에서 수행정진하셨다.
- 1985년 전남 곡성군 동리산 태안사에서 3년 결사를 시작으로 회상을 이뤄 대중 교화의 인연을 지으시고
- 1995년까지 태안사를 중창복원하여 구산선문 중 하나인 동리산문을 재건하셨다.
- 미주교포를 위해 카멜 삼보사, 팜스프링스 금강선원 등을 건립하여 3년 결사를 지내시고
- 조계종 원로위원, 성륜사 조실을 지내셨다.
- 2002년 5월 5일 서울 도봉산 광륜사를 개원하시고
- 2003년 세납 80세, 법납 56세에 열반에 드셨다.
- 스승이신 금타존사의 유고를 정리하여 「금강심론」을 편저하셨으며, 법어집으로 「정통선의 향훈」, 「원통불법의 요체」, 「마음의 고향」, 「가장 행복한 공부」 등이 있고 역서로 「정토삼부경」, 「약사경」 등이 있다.

육조단경

2020년 9월 11일 • 13쇄 발행

옮긴이 • 청화淸華

펴낸이 • 박주환

펴낸곳 • 광륜출판사

주소 • 서울시 도봉구 도봉산길 86-1 (구 도봉1동 401번지)

전화 • 02-956-5555, 02-954-6437

팩스 • 02-955-2112

홈페이지 • www.gwangryunsa.com

ISBN 978-89-954017-0-5 03220

정가 15,000원